阅

阅读成就思想……

Read to Achieve

心理学与商业应用系列

高管教练心理学

PSYCHOLOGICAL DIMENSIONS OF EXECUTIVE COACHING

[英] 彼得·布鲁克尔特（Peter Bluckert）◎ 著

宋霆 ◎ 译

中国人民大学出版社

· 北京 ·

图书在版编目（CIP）数据

高管教练心理学 / (英) 彼得·布鲁克尔特
(Peter Bluckert) 著 ; 宋霆译. -- 北京 : 中国人民大
学出版社, 2022.8
书名原文: Psychological Dimensions of
Executive Coaching
ISBN 978-7-300-30639-1

Ⅰ. ①高… Ⅱ. ①彼… ②宋… Ⅲ. ①企业领导学—
领导心理学 Ⅳ. ①F272.91

中国版本图书馆CIP数据核字(2022)第091055号

高管教练心理学
[英] 彼得·布鲁克尔特（Peter Bluckert） 著
宋 霆 译
Gaoguan Jiaolian Xinlixue

出版发行	中国人民大学出版社		
社　　址	北京中关村大街 31 号	邮政编码	100080
电　　话	010-62511242（总编室）		010-62511770（质管部）
	010-82501766（邮购部）		010-62514148（门市部）
	010-62515195（发行公司）		010-62515275（盗版举报）
网　　址	http://www.crup.com.cn		
经　　销	新华书店		
印　　刷	天津中印联印务有限公司		
规　　格	148mm×210mm　32 开本	版　次	2022 年 8 月第 1 版
印　　张	7.125　插页 1	印　次	2022 年 8 月第 1 次印刷
字　　数	170 000	定　价	59.00 元

前言 PREFACE

这本书我写了很长时间。我猜我的家人、朋友、同事和曾经的学生可能早就疑惑还能不能看到这本书的面世。我必须承认，我自己也一度怀疑过。之所以花了这么长的时间来写这本书，也是有一些不得已的原因。和你们许多人一样，我选择了一种十分忙碌的生活，当家庭、事业、朋友和休闲等各种事情分散了我的注意力时，我很难挤出时间来写一本书。我的日程安排得很满。

这种拖延可能也与身份认同感有关。我首先是一个实践者，这是我最重要的身份，我的满足感主要来自我的从业经历。虽然如此，但是关于人类自我调节的本质以及人的改变何以发生这类思想总能让我着迷，我一生都被这些主题吸引着。我也很幸运地遇到了一些优秀的教师和导师，他们的天赋和远见启发了我，其中很多人都来自心理学和心理治疗领域，特别是格式塔[①]流派，多年来它一直是我使用的主要的心理学框架。

---

① 格式塔是德语“Gestalt”的音译，中文也译作“完形”。这个词在本书中偶尔指称格式塔心理学——西方现代心理学的一个主要流派，但大部分情况下（如此处也是）指称的是在格式塔心理学的思想影响下由弗雷德里克·皮尔斯（Friedrich Perls）等人于20世纪中叶发展出来的一套心理治疗与咨询方法，即格式塔疗法。作者本人是这个领域的长期实践者，在本书第四部分中对格式塔有比较详细的介绍。——译者注

到了写这本书的最后阶段，我发现了自己拖延的另一个原因。真相其实很简单——我花了很长时间才真正想清楚我对于教练的看法是什么，又有哪些话想说。这个原因不足为奇，事实上教练工作的核心理念之一就是，只有当我们将自己的想法完整表达出来并传达给别人时，我们才能真正明白自己在想些什么。

我写这本书最大的目的，就是要把一些或简单或复杂的原则和概念通过某种方式结合在一起，以帮助你更好地理解什么才是教练，它蕴藏着多大的潜力。我在本书中还会介绍一些其他书籍和研究成果，其中的很多观点都很有价值，值得你去阅读和参考。令我感到恼火的是，虽然教练领域的作者总是在鼓吹学习的价值，但他们自己却常常不认可其他领域作者的贡献。

我经常对那些来参加高级教练课程的学员提这样一个问题：教练是真的有它自己的理论，还是说它的理论完全是派生出来的，只是从心理学、心理治疗、组织发展（organization development，OD）、领导理论、成人学习、运动心理学等领域汲取和借鉴思想而已？毫无疑问，大多数教练领域的著述者和实践者，都具备以下一个或两个领域的背景：心理学、心理治疗、领导与管理、学习与发展及体育运动。

著述者和实践者这种广泛的背景分布，导致目前存在着许多不同种类的教练和教练方法。我自己的专业背景主要是心理治疗和 OD。事实上，长久以来，我的兴趣之一就是将一些心理学领域（尤其是格式塔方法）的洞见，运用于组织变革发展的领域中。到目前为止，这份事业已经经历 25 年的发展，早已被证明是一项难度不小的挑战。

我想要开宗明义的是，我相信某些类型的教练工作要求教练具备更高水平的心理工作能力，但这并不是说所有的高管教练都应该有临床心理学或心理治疗的背景。事实上，许多提供教练辅导的人，无论是专业的高管教练还是企业内部的直接主管，都很少或没有接受过心理学训练。大多数情况下，这不会有任何问题，特别是在管理者充当教练的情况下。然而，无论是兼职还是全职，所有的教练都明白，总有一些情况会使他们的知识、理解力和技能都显得束手无策，他们会对当前的情况举棋不定，为事情没有进展而困惑不解。在他们看来，问题可能出在教练对象的行为或态度上，而那个看似无法教练的人会被视为有职业脱轨危险的“问题管理者”。为了帮助此人改变，组织已经做过多次尝试，但所有的努力似乎都没有成效。如果你遇到过类似的情形，那么这本书会对你有所帮助。

希望本书也能让你以一种不同的视角来看待你自己和你的教练方式。我之所以这样说，是因为实际上我们促成改变的努力往往是问题的一部分，而不是解决方案的一部分。我们自己的一些操作方法和方式，会在无意中增加客户对改变的抵触，使他们产生不必要的防御。

有些教练认为，教练工作是一个简单的过程。在某种程度上，我同意这种说法，因为你可以在短时间内就学会基础知识，但是实际操作却绝非易事。对许多教练来说，忍住冲动不去告知答案、不去解决问题、不去提供建议，实在太难了。长时间、深入地倾听别人的心声实在让人精疲力竭，尤其是当我们自己的问题还在不断涌现时。客户并不总能设定明确的目标，将计划执行到位，或者对自己的工作产生良好的感受。他们会陷入困境，会自相矛盾，最重要的是，他们在刚开始时通常并不知道自己想要的是什么。

还有一些人有着更复杂的心理状况。他们身上要么比别人多出些什么，要么少了些什么，这导致其他人要花费大量时间和精力去弄清楚怎样才能与他们合作或交往。这本书也许会让你对普通人以及那些另类的人有更多的洞察。读完这本书后，你可能会比以前更乐意接受一些比较艰难的挑战。或者，你也可以允许自己后退一步，寻求帮助。如果你正处在困境中，试图寻找朝某个方向前进的路线，那么这本书也许能够帮到你。我真心希望如此，因为做到这一点并非易事。不过，无论我们多么努力，到最后总还是会存在某些两难困境和不确定性，但是我们都明白一个道理——不入虎穴，焉得虎子。

本书的目标受众

我希望，这本书能够引起目前正在成为新兴教练职业一部分的许多群体的广泛关注。这些群体包括高管教练、职业心理专家、组织内部的人力资源总监和经理、培训顾问和 OD 顾问、企业领导者以及直接主管。

本书特别适合那些正在讲授高级教练培训课程的人、正在接受培训的教练，以及那些渴望了解心理学以更好地指导其开展工作的教练从业者。教练督导师以及那些正在考虑向高管教练转型的心理治疗师和咨询师，也会发现本书对他们有帮助。

本书的结构

是什么造就了成功的教练工作？是你自身所具有的技能和个人素质，还是说这与客户有关——他们对过程高度投入以及提升或改变的动机足够强？抑或是与你们之间的关系有关？正是通过这种关系，学习和改变才得以发生。又或是因为一套好的教练方法，或者教练本身所遵循的那些基本原则？如果你正在寻找“如何开展教练工作”这一问题的答案，你将在本书的第一部分中找到我对这些问题的看法。

本书的第二部分将探讨一些最常被客户带到教练工作中的主题和议题，而大多数教练书籍通常很少留意这些重要的主题。这些主题可分为技能 / 绩效、个人发展、领导力和意义建构四大类。对于这些主题的考察，既能帮到身为教练的你，也能帮到你的客户，因为有些人可能并不清楚如何才能最大限度地利用他们的教练机会。围绕这四个领域的讨论还将揭示出，这些常见的教练议题中也包含着一些心理学的层面。

第三部分为侧重于心理层面的教练方法奠定了讨论的基础，总结了这种教练工作所需的能力，也谈到了教练培训、个人发展和督导的话题。这一部分还考查了教练对话的四个重要方面：客户讲述的故事、客户的思考过程、客户的情绪感受，以及教练对自我的运用。

第四部分是本书的最后一部分，标题为“从格式塔视角看待人的改变”，这是历史上首次详细探讨格式塔方法在教练工作中的应用——至少在我写这本书时，还没有其他人这么做。索尼娅·尼维斯（Sonia Nevis）发表过关于将格式塔方法用于咨询的著作，阐述了格式塔方法在组织中的运用，这是现阶段最主要的成果。但是到目前为止，在“格式塔方法运用于教练”方面，还没有人做出过重大的尝试。有意思的是，佩尔蒂埃（Peltier）曾写过一本关于高管教练心理学的优秀著作，涵盖了几乎所有的心理学框架，从心理动力学到认知－行为，再到人本主义，甚至是家庭治疗和催眠沟通，却没有一章是关于格式塔的。我写这部分的意图就是要填补这类著作中的一个重要空缺。

这里还需要交代一下本书没有涵盖的内容。首先，本书不会关注严重的心理障碍或心理异常，也不会告诉你如何诊断不同类型的人格问题和人格障碍。已经有许多大师级别的、训练有素的治疗师和咨询师在这方面进行了努力，我们不应期望高管教练具备这些能力。如果教练面对的状况涉及更深层次的心理学难题，那么我会建议他们，待在自己真正擅长的领域内开展工作，在适当的时候，将客户推荐到心理临床从业者那里去。

其次，我并不打算将各种心理学框架、模型和概念纳入讨论范围。佩尔蒂埃已经有了这方面的论述。还有其他的一些侧重于心理方面的管理和教练书籍，分别对不同的心理学主题和方法进行了专门讨论，比如托拜厄斯（Tobias）、钱德尔（Czander）、基尔伯格（Kilburg）、凯茨·德弗里斯（Kets de Vries）、格林（Greene）和格兰特（Grant）、斯基芬顿（Skiffington）和宙斯（Zeus）等人的著作。

反复出现的主题：教练的自我发展

你会发现，本书中有一个反复出现的主题——教练的自我发展，它具有无与伦比的重要性。本书的中心思想之一就是，尽管工具、技术和模型在教练的发展中各占有一席之地，但仅有这些是不够的。在这个非常重要的问题上，我同意卡森（Cason）和杰奎斯（Jaques）的看法，他们说：

> 教练的有效性归根结底取决于……从业者自身作为成年人发展到什么程度。相对于一个自我发展程度较低的教练，一个自我发展程度较高的教练拥有更多的资源，这一差距是任何经验或专业知识都无法弥补的。将一个人“是什么样的”与他“拥有什么”这两件事分开来看，你会发现，后者其实没那么重要，也可能派不上实际用场。只有前者难以掩藏，因此才是真正重要的因素。

对教练领域的界定

有许多权威机构长期致力于对教练工作进行分类和辨别。2006年，欧洲辅导与教练理事会（The European Mentoring and Coaching Council，EMCC）在其报告中列出了14项教练的能力和工作标准。2004年举办的高管教练论坛出版了《高管教练手册》（*Executive Coaching Handbook*），确定了数量大致相同的能力项，其中包括领导力发展、职业规划、绩效改进、行为改变、评估/反馈过程、演说/沟通技巧等等。这本手册的作者是一群来自美国的资深教练，他们指出，高管教练有可能在不同的时间涉及上述多种类型的工作。

还有一些人尝试对教练领域进行界定，其成果更为精简。他们将教练划分为管理、商业、行政和生活教练。这种分类具有一定的简单性和实用性。在这个模式中，**管理教练**（management coaching）指的是由直接主管所承担的教练工作。根据英国特许人事和发展协会（Chartered Institute of Personnel and Development，CIPD）2004年的报告，管理教练在英国公司内所提供的各种教练服务中占很大的比例。

商业教练（business coaching）是一个更为通用的概念，指的是在组织环境中进行的任何教练活动。从这个意义上说，它并不局限于与高管、高级经理或企业主合作。许多有抱负的教练至今仍然没有高管客户，或者他们可能就不想要高管客户。因此，“商业教练”一词更为恰当。组织内部人力资源部门所提供的教练，如果既不是针对管理层，也不属于主管对下属的教练，那么“商业教练”就是一种更准确的表述。商业教练可以囊括从领导力发展到技能培训的所有内容，也可能涵盖更多战略重点，如业务规划，或促进一种更注重绩效的组织文化的形成。

人们对**高管教练**（executive coaching）有多种不同的解释。一些人将其定义为一种旨在改善高管绩效的、个性化的学习和发展方法。另一些人的解释则偏重其技术层面，认为它属于更广泛的组织咨询领域，并强调其中的行为改变方面。从这个角度来看，高管教练不是简单地指那些与高管一起工作的人——他们还必须是受过行为训练的从业者，并使用一套独特的方法论来开展工作。

生活教练（life coaching）指的是那种能帮助别人在生活中做出重大改变的教练工作。它往往始于这样的发问，即客户真正想从他们的生活中得到什么，以及他们目前是否已经过上了最好的生活。它涉及理清价值观、建立愿景和设定长远目标，使个体拥有更满意和更充实的生活。

为教练下个定义

对教练的各种定义主要围绕两点展开：一是与绩效提升有关的学

习和发展过程；二是与个人成长和改变有关的教练工作。在定义中特别强调哪个方面，通常反映出实践者或作者的专业背景。大量拥有人力资源、咨询和OD背景的研究者与实践者所关注的是学习和发展方面。以结果为导向的那部分人——比如体育界和企业界人士——则更关注绩效表现，并认为教练工作与技能发展相关。而行为教练、教练心理专家、咨询师和治疗师这样的人，通常会从个人改变的角度来定义教练工作。

如果某种方法承诺能够帮助人们实现学习和发展，那人们自然是欣然接受，尤其是当它据说能提高效能和改善业绩表现时。我们大多数人听到"学习和发展"之类的词都会觉得比较满意，因为其中包含了一种使人感觉良好的因素。但是，当你从改变的角度来定义教练工作时，情况可能就不大一样了。我们会敏锐地从后一种提法中意识到，我们自身的某些方面出了状况——无论这些状况是与我们的思维、情绪自我管理还是行为有关，我们都必须加以注意。然而，在教练领域，确实有很多人主要采用这种方式来定义教练工作。

一些教练侧重于行为改变，这使得他们与那些侧重于"学习与发展"模式的教练区别开来。同时，这也使得与心理有关的议题更有用武之地。那些强调行为改变并以此为主要侧重点的教练主要来自商业、临床心理学、心理治疗和咨询等领域，或者是在自己的专业背景中补充过一些心理学训练的元素，比如说接受过心理测量评估方面的培训。

基尔伯格关于高管教练的定义经常被人们引用：

（高管教练）是一种在双方之间形成的帮助关系。关系的

> 一方是客户，他们在某个组织中拥有管理的权力和责任；另一方则是顾问，他们在正式界定的教练协议中开展工作，使用各种各样的行为技术和方法，帮助客户实现一系列共同确定的目标，以提升其职业表现和个人满足感，进而提高客户所在组织的效能。

格兰特、宙斯和斯基芬顿也持有类似的观点。格兰特认为，教练过程应该是一个系统的、目标导向的过程，旨在促进持续的改变。宙斯和斯基芬顿则说：

> 高管教练是高管和教练之间的一种协作的、个性化的关系，其目的是带来持续的行为改变，并提高高管的工作和个人生活的质量。

我个人更倾向于宽泛的教练定义，因为这样可以保留选择的余地，这也反映了我自己真实的教练经验。要使教练在商业领域被视为一种有意义的工作和积极的干预手段，它就一定不能局限于促进学习和发展，还要能直接转化为更有效的行动和更高的绩效。它还必须包括个人改变的议题，尤其是当一个人的行为被认为有问题的时候。考虑到这些因素，我对教练的定义如下：

> 教练是一种促进学习和发展的方式，其目的是改进绩效表现、增强有效行为、实现目标和提升个人满意度。它总是会涉及成长和改变，无论这种成长和改变是观点、态度还是行为上的。

在审视这个定义时，你会注意到它将“个人满足和成长”也包括在内。在几年前，个人满足感还不是人们首要关注的问题。当时的重点完全落在教练工作能让个人为了组织的利益而做些什么之上。然而，现在，人们越来越认可和接受这样的观点：一个人在工作中的健康、动力和幸福感，不仅在道德上是可取的，在经济上也是合理的。组织与个人必须达成恰当的协议，否则那些成功的、有能力的人就会离开，另找出路。成长是一个能够激发很多联想的概念，很难被定义，但它却是教练的基础，因为它指向最引人注目的教练理念，即教练是为了帮助人们挖掘他们的潜力，实现他们的愿景。

对于那些有幸从事教练工作的人来说，最大的回报和乐趣莫过于目睹他人成长、改变，成为更好的人，并更好地掌控他们自己的生活。这种改变过程就是在教练工作中引入心理层面的一个重要目的。

教练工作的本质

随便拿起一本教练书籍，你都能发现其中关于教练工作的目的、功能和方法众说纷纭、不一而足。由于角度和观点如此之多，很难准确地界定教练工作究竟指的是什么以及它与顾问、培训和心理咨询到底有何不同。然而，它们之间确实存在着重要的区别，而找到这种差异的最好方法之一就是探讨教练工作的基本原则。所谓原则，就是你能发现事物本质的地方。

健全的教练原则

按照一套健全的教练原则来开展工作，可以极大地提高成功的可能性。此外，这些原则还可以发挥指引作用，让你的教练工作保持在正确的轨道上，不至于误入歧途。我下面列出的原则，其中一些适用于所有类型的教练工作，而聚焦业务和系统视角这两条原则主要适用于高管教练。教练原则包括：

- 发问而非告知；
- 同时关注当前表现和潜力；
- 强调觉察和负责；
- 建立自信；
- 聚焦业务；
- 系统视角；
- 将教练视为一种心智模式。

发问而非告知

第一点，可能也是最重要的一点就是，作为教练，你只能以促进和引导的方式来帮助客户学习、发展和改变，而不能通过讲述与告知。这一深层理念构成了良好教练工作的核心，并定义了教练的本质。通过教练的方法来学习，是一个由内而外的过程，而不是由外而内的过程。它有一个假设：人们知道的常常比他们认为自己知道的更多，而且在一定的帮助下，人们通过反思性的学习就能理解问题和解决问题，并在生活中迈步前行。这一成人学习原则在当前已经被越来越多的人领会，但在许多环境中，比如讲述告知方式仍占主导地位的企业界、体育界和教育界，它仍然是与主流文化相冲突的。教练的方法能带来许多好处，包括更强大的自我思考能力、更多的自我觉察和社会觉察、更强的个人责任感、更好的自我管理和更高水平的自信。然而，即便是那些已经开始看到这些好处的人，也会不时回到“专家模式”上，发号施令，给出建议。这是一个很难改掉的习惯。

同时关注当前表现和潜力

教练工作的第二条基本原则是，我们不仅要关注个人当前的绩效表现，还须关注其潜力。这意味着要把关注点从个人现在如何表现，转移到“如果他们能够挖掘自己内在的资源和能力，将来可能会有怎样的表现”上。

通常，人们并不知道他们能够成就什么样的事情。他们可能会直观地感觉到自己身上还蕴藏着更多的可能性，也有着强烈的愿望去发现，但却可能不懂得如何去做。要有人来帮助这样的人开发潜能，而这就是教练的工作。

教练除了能为这种情况贡献他们的技能和经验外，还拥有一种我们永远不能低估的力量，那就是对一个人有信心。在教练活动的初期阶段，客户可能对自己并没有很高的评价。因此，对他们来说，体验到他们所尊敬的人对自己的那一份信任，应算得上是无价之宝，足以让星火燎原。

强调觉察和负责

教练工作的第三条基本原则是认识到觉察和负责在教练工作中的重要性。事实上，大多数（如果不是全部的话）教练领域的作者对此都很认同，他们普遍认为“觉察是成长和改变的起点”。当人们越来越了解自己所持的假设、信念体系、态度和行为模式时，他们就会面临选择——是要坚持原有的，还是要做出改变？而这种选择的责任就落在他们自己的肩上。

对问题的觉察可能不足以引发改变，但它肯定是一个重要的先决条件。如果我们现在还没有觉察到某些事情，那我们几乎不可能去改变它。觉察是我们内观自我、了解他人以及把握人际关系动态的途径。觉察也是我们自我管理和自我调节能力的基础。这意味着教练必须认识到，促进觉察乃是教练工作过程的第一要务，此外还要知道如何才能促进觉察。

责任担当的问题是教练工作的核心，实际上也是任何变革过程的核心。教练可以进行一次 360 度反馈，它会提供大量丰富的数据，从而帮助提高客户的意识。但如果客户不认为这些数据结果是他们自己的责任，那么学习和改变的前景就会很黯淡。

为自己的选择和行为负责，就像坐上了人生列车的驾驶座，也就是说要把握自己的生活，并接受自己的决定和行动的后果。对某些人来说，这可能是一个艰难的过程，尤其是当那些破坏性经历已经留下了深深的伤痕时。在这种情况下，教练有一项重要的工作要做，那就是帮助人们对自己和他人重建信念和信任。这可能会模糊教练工作和治疗工作的分界线，但这个过程却是很有必要的。教练不会永远那么幸运，每次都能服务于优质客户——那些愿意为自己的生活承担全部责任、上进心强、心思淳朴的人。事实上，身为教练最为丰厚的回报之一，就是亲自见证某个人在你的帮助下终于成功地掌控了自己的人生，最终展翅高飞，鹏程万里。

建立自信

第四条原则与第二条原则中的“关注潜力”有关。这是因为教练相信客户有潜力固然很重要，但更重要的是，客户本人也这样认为，也就是他们开始认识到“成功与否取决于自身的努力”。而这就是建立自信的过程——不断增长的自信来自不断积累的成功和成就。

关于怎样理解自信以及如何发展自信，阿尔伯特·班杜拉（Albert Bandura）在这方面做出了重要贡献并因此闻名于世。他使用了一个新的术语“自我效能感”来描述“人们对自己有能力做出指定水平的绩效的信念”。他认为，自我效能感的高低决定了我们如何感受、思考、自我激励和行动。那些自我效能感高的人将困难的任务视为“必须克服的挑战，而不是必须避免的威胁”。他们为自己设定具有挑战性的目标，即使遭遇挫折也坚定不移。班杜拉认为，这样的态度和格局不仅能促进个人成就的达成，而且能减少人的压力和患抑郁症的风险。

在这个框架中去理解，就很容易明白，为什么说教练工作旨在发展上述这种态度。亨利·福特（Henry Ford）多年前说过：“无论你认为自己行还是不行，你都是对的。”班杜拉在学术上为福特的说法赋予了可信度。教练工作的目的是让人们相信自己能够做到。

建立自信是教练工作的核心之一，它与个人成长和行为改变密切相关。成功的教练工作会让客户感觉自己变得更强大，感觉自己的内心得到了成长。

这一条连同前面三条原则，构成了所有教练工作的核心原则，也是教练与顾问、培训和心理咨询的区别所在。然而，对于高管教练来说，还有两个额外的原则和指导方针必须牢记，那就是聚焦业务和系统视角。

聚焦业务

高管教练主要关注的固然是高管本人的发展，但是这种发展必须在满足组织需要的背景下进行。对教练来说，暂时忘掉组织的存在，而只把高管当作唯一的客户来开展工作，可能会显得更轻松、更诱人。某些教练缺乏职场经验，还有一些教练可能不太认同某家公司对待员工的方式。在这些情况下，组织所关注的事务就有可能会被牺牲。此时教练工作的确有可能带给高管客户更好的个人体验，甚至使其觉得自己才是正确的一方，但为教练服务买单的组织却常常会感到沮丧和失望。必须承认，这种平衡不容易把握，但是有经验的教练往往会找到自己的方法来同时满足这两方面的议题，而这正是新手教练在学徒阶段要学习的一个重要课题。

保持聚焦业务对于教练这种新兴职业的发展也是至关重要的。如果企业客户无法看到教练工作能带来的充分、切实的好处，就会将它边缘化，视作组织领域中又一个流行风尚而已——虽然说得天花乱坠，但实际上却行不通。

系统视角

高管教练最重要的一项业务能力，就是要对组织动态和系统层面的问题拥有足够的知识和觉悟。奥尼尔（O’Neill）强调高管教练的一种系统方法，她提出了以下重要观点。

- 如果我们过于狭隘地只关注客户个人——比如其个人挑战、个人目标和内心障碍，那么就有可能会见树不见林，错过整个宏大的“生态系统”，而客户只有在这个“生态系统”中才能有效运作。
- 关注系统是至关重要的，因为它能产生巨大的力量，对于客户的成败至关重要。

当个人试图改变自己的行为，但是其身处的团队文化却既不理解也不支持这种改变时，以上所说的系统视角就能最明显地体现出来。同事们有时会竭力将客户拉回到旧的行为方式中，因为他们认为这才是对整个团队有益的做法。举例来说，某人在团队中扮演插科打诨、活跃气氛的“小丑”角色，他自己希望做些改变以获得更多的尊重，但他的同事们却对现状更为满意，并努力促使他保持原状。从这个客户的角度来看，当前的问题是，尽管他自己也有职业抱负，但每当升职机会出现时，他却经常被略过，因为高管层不相信他能获得足够的尊重。另一个例子则是，某个控制欲过强、有些进攻性的经理，当他想要改变这一类行为时，他的老板却担心他会磨平原有的棱角。

上述两个例子可能让你产生了一种印象，即系统总是倾向于破坏个人寻求改变的努力，但事实并非如此。在很多情况下，系统实际上具有积极的强化效果，会鼓励个人坚持下去。只要有可能，教练就应该努力让此成为现实，具体方法是从一开始就让系统参与进来，还要教育客户的同事们，让他们知道教练工作的成功其实有赖于他们发挥的重要作用。

当个人行为确实发生了改变时，认识到这种改变对系统中的其他人所带来的影响也是至关重要的。高管们往往非常清楚坚持行为改变是一件多么困难的事情，而且他们自己也或多或少地拥有一种系统的视角。

将教练视为一种心智模式

最后一条原则更为普遍，适用于所有类型的教练工作。

教练的机会每天都会出现，但我们白白错失了一大部分。造成这种“错过”的一个原因就是，人们通常将教练工作等同于那些刻意安排的教练对话。换句话说，教练工作被定义为一种有计划的活动。对此，我想提出怀疑并提醒你注意，在已有的正式安排之外，其实还存在着更多的教练机会。这些机会包括一些简短的交谈，它们可能发生在走廊里、在去开会的车上、在打电话聊天时、在喝咖啡时，或在一起散步时。这些对话可能持续 20 分钟，也可能就只有短短 2 分钟。

无论教练主要是以一种正规的方式实施，还是以临时的、自动的方式进行，此处要传递的宏旨是，教练远远不只是一种管理工具。毫不含糊地说，教练真正的力量在于它可以成为一种思维方式，或者一种生活方式，甚至成为我们在生活的各个方面与他人互动的原则。

目　录 | CONTENTS

第一部分　有效教练的框架

第二部分　教练处理的常见主题和议题

第三部分　教练心理方法基础

第四部分 从格式塔视角看待人的改变

Psychological Dimensions of Executive Coaching

第一部分

有效教练的框架

第1章 良好的教练流程

良好的教练流程所遵循的步骤与经典的组织发展方法类似，它包括进场与签约、数据收集与反馈、行动规划、实施与跟踪，以及评价等环节。评价完成后，要么终止合作，要么重新签约以开展进一步的工作。结合高管教练的场景，我对这套方法做了些微调整。

一个良好的教练流程应该包括以下阶段：

- 进场与签约；
- 评估与反馈；
- 创设教练议程；
- 安排教练干预措施；
- 实施教练工作；
- 回顾与评价。

阶段 1：进场与签约

进场

你可能以为签约是教练流程的第一步，但在真的谈到合约之前，通常还需要经过一次详细的初步演习。如今，教练服务的购买者或赞助方已经有了一套越来越严格的做法，以确定教练的品质和可信度，并提高教练、客户和组织三方之间的契合度。他们也会给客户提供机会，让他们多约见几个教练，以看看客户能和谁产生“人际化学反应”。

在教练和未来客户的早期接触中，双方心中都会存在类似的疑问，比如：“我能接受和这个人共事吗？”或“与此人相处，我有何感受？”客户可能好奇，跟教练在一起，他们是否能感到安全，教练会不会挑战性太强或挑战性不够。他们必定还想要了解，教练看上去是否能理解他们，是否明白他们的困境、担忧和挑战。那些注重结果的高管还会热衷于确定教练是否有经验、是否务实，能不能使用日常商务语言进行交流，而不是使用管理发展领域或心理学方面的术语。

作为一名教练，你要评估客户的准备度和动机，提供关于教练工作过程的信息，并着手理清教练工作的目标和可能的重点。有些教练会采用一种相当实用的、不干涉的方式，让这个过程自然而然地发展。还有一些人则认为这是一个机会，可以向客户展示“如果我们一起工作，会是什么样子”。在后一种情况下，这初次的会面就不再局限于信息交换，而是包含了一些实际教练工作的成分。这样做的好处是，你可以看到客户对你所用的方法有何反应，而客户也可以更清晰地了解将来会遇到的情形。有些时候，教练并不愿意使用这种开场方式，因为这部分工作没有报酬。他们还会担心，实际工作的合约尚未签订，因此通常难以搜集到所需的信息，容易出错，从而导致初次的会谈变成纯粹的“样品”，只能让客户初步体会到教练的风格和偏爱的工作方式。

人际化学反应是一个复杂的问题。对一些未来的客户而言，他们最重要的考虑就是与你相处是否感到舒适。而其他人则可能认为，某种程度的不适也许并非坏事，因为这有可能意味着一种更有成效的工作关系。客户在这个问题上持哪种看法，通常取决于他们目前的脆弱程度，或者取决于某些过往的问题——这些问题与“是否拥有足够的安全感”有关。

对于教练而言，人际化学反应也是利害攸关的。一种对客户良好的第一印象，以及那种瞬间的心意相通，都会给你带来更好的感受，使你对这份工作产生期待和安心的感觉。然而，有经验的从业者认识到，有时候，某些看上去最不可能、最没有希望的开端，反而可能变成我们最好、最满意的一次任务。作为一名教练，你面临的挑战是要找出原因：为什么这个客户对你来说是难题？也就是说，有时候只是你自己不想接待这个客户；也可能是这个未来的客户对接受教练服务这件事缺乏动力，甚至是怀有彻头彻尾的敌意；还可能是你和客户的价值观强烈冲突，或者是你对某些特定的个体有着强烈的负面情绪反应，从而选择不去服务他们。

签约

签订合约的目的有两个：（1）提升工作成效；（2）减少将来产生

误会和失望的风险。为此，你必须为教练工作制定个人和组织两方面的目标，并明确每一方在教练过程中的角色和职责。所有的教练督导师都会确定无疑地告诉你，教练过程中的很多问题都源于签约阶段，而这些问题是由于当时教练可能对各方的期望和成果、保密协议或业务关系的某些方面不够清楚所导致的。

因此，在签约阶段，教练应慎重行事。我请你们考虑以下一系列问题：

- 这是两方还是三方之间的合约？
- 教练工作的期望成果是什么？
- 对每一方（教练、客户和赞助者）的期望分别是什么？
- 保密协议是怎样的？
- 事务汇报方面有什么安排？
- 评估会涉及多大的范围，使用哪些方法？
- 如何组织安排教练干预？
- 教练工作将在何地进行，多久进行一次，需要提供何种级别的支持，支持手段的可得性如何？
- 如何回顾和评估教练工作过程？
- 具体的事务（如费用、约谈取消条款和开发票的程序等）是怎样安排的？

签约过程的性质取决于合约究竟是两方还是三方之间的安排。有时，接受教练服务的首席执行官或董事总经理希望将合约保持在两方之间。他们可能不想让董事会主席参与进来，也可能认为董事会主席不会感兴趣。当教练工作单纯被用来处理高管自己的个人议题时，将合约限制在两方之间是完全合适的。然而，教练自己必须确信，在当前情况下，不出现第三方的组织赞助者确实是一种合理的安排。

有些合约只有这二者中的一个原因，即企业领导人或企业主用自己的钱来支付教练费用，所以教练服务完全是一项私人委托。这个客户可能想考虑一下在自己的职业生涯或人生中还有些什么选项，因此愿意自己付费，以使自己不受组织的约束，不至于要将自己的教练议程与商业目标联系起来。

然而，大多数组织中的教练工作都是一种三方契约关系，它通常被称为三角合约，三方分别是组织赞助者、教练和客户个人。组织赞助者可能是客户的直接上司或是人力资源部门的总监或经理。通常，赞助者或你本人会出面召集一系列的会议，将三方召集到一起，目的是明确教练的目标。这些目标通常围绕着战略、绩效表现、发展、行为改变等主题展开，或者是以上所有这些的组合。

理想的情况下，作为“教练议程”呈现在我们眼前的那份项目清单，既清晰又可行。客户和赞助者对议程中的那些问题拥有共同的看法，并对教练过程有着高度的决心。幸运的是，有些时候确是如此。

然而，不可避免的是，事情不会总是那么简单直接。客户对事情的看法可能会与赞助者相去甚远，但他们保留自己的观点不说出来，以维持自己“服从上级”的形象。赞助者所提出的教练议程可能是模糊的、一厢情愿的或不合适的。他们可能会把作为教练的你推到前面，让你面对客户，去说一些公司自己不愿意去说的、为难的事情。对于这种情况，你绝对要避免。如果真的遇到了这种情形，你的任务可能就是要向直接主管或人力资源部门的赞助者抗议，让他们对客户更坦诚一些。

在更大规模的教练计划中，高层管理者经常必须为好几名直接下属提出自己预期的教练成果，但由于繁忙的日程所限，就只能匆忙地把一些想法不加考虑地拼凑在一起丢给教练。最糟糕的情况则是，组织已经起了想要解雇一个人的心思，而教练程序只是作为一种保护措施被引入，旨在证明组织已经仁至义尽。在这种情况下，你可能会被告知，事情已经发展到了一个临界点，目前的任务是帮他保住工作的最后机会。有经验的教练会对这种情况保持警惕，并远离那些客户已经被组织预定要淘汰的教练任务。

保密

签约过程无疑应该处理保密问题。在两方合同中，这个问题比较简单，除非你了解到有犯罪活动，或者是客户的行为对自己或他人构成了危险，否则你必须遵守保密协议。如果你正在接受专业督导（接受专业督导现在已经被认为是优秀从业者的必备条件），那么你就必须向你的客户披露，你可能会与一位同样受保密协议约束的督导师讨论你的工作。

在三方契约中，保密条款可能更为复杂。组织希望知道教练工作的目标是否已经实现了，或者说实现到了什么程度。向系统提供反馈乃是过程的一部分，这本身不是问题，问题更多的是“该说些什么，以及该对谁说”。标准的指导方针是，涉及个人的内容必须保密，审查和评估应该集中在教练工作的进展程度。客户和赞助者双方对这种安排都会比较满意，如果你坚持这个方针，即使出错也不会是什么大错。威胁在于，当你进入这个系统后，会有意无意地更贴近高层人物，这样的情况颇为常见。对于教练来说，亲身体验掌握大权的人物听取自己的意见，是非常有诱惑力的。而你所教练的客户也会非常敏感地意识到这一点，并时刻保持警惕，担心他们向你透露的信息会被他们的上司所掌握。如果发生这种情况，你们之间的信任将不可避免地受到重创。

各方对教练过程所抱有的期望应该在签约阶段就明确地表达出来。赞助者和客户会有他们的期望，作为教练，你也会有自己的期望，这些也需要说明。有些教练会要求客户在两次会谈之间完成一些作业；还有一些教练则强调必须准时出席，也很反感客户取消预约。有些教练只承诺自己会在预定的会谈时间以及当客户碰到紧急情况时提供服务；而另一些人则提供更灵活的联系方式，以备不时之需。行为改变流派的教练通常认为自己的教练过程比其他类型的教练活动时间长，可能会寻求签订一年或更长时间的合约。

大多数教练、赞助者和客户都希望在一份由各方签字的书面合同中，将这些条款的一部分或全部清楚地列出。制作这样一份书面合同赋予了这个过程某种仪式感，许多赞助者和客户都喜欢这种感觉。然而，它并不适合所有人。有些组织和教练不太乐意被束缚，他们更希望这个过程相对开放、灵活生成，不要那么正式。

签约过程的最后一个方面是，作为教练，你有责任向组织提供一份你签字认同的伦理规范。教练行业目前仍未建立起一个囊括其全体成员的专业组织，但是已经存在很多专业协会，比如国际教练联合会（International Coach Federation，ICF）、欧洲辅导与教练理事会（EMCC）、教练协会（Coaching Council，AC）、专业高管教练与督导协会（Association for Professional Executive Coaching & Supervision，

APECS）。所有这些协会都发布了伦理规范，也要求它们的成员采取措施，以确保他们的客户知悉这些伦理规范的内容。

阶段 2：评估与反馈

评估

许多高管教练将“评估”视为教练过程中至关重要的一个环节。它可以提供客户的人格特质、思维方式、情商、领导能力、学习偏好等方面的信息，并识别出客户的强项和待发展的领域。

实施评估的方法有许多种，包括：结构化评鉴中心或发展中心技术；使用评估工具如迈尔斯－布里格斯类型指标测试（Myers Briggs Type Indicator，MBTI）、卡特尔 16 种人格因素量表（Sixteen Personality Factors，16 PF）、基本人际关系导向－行为量表（Fundamental Interpersonal Relationships Orientation – Behaviour，FIRO-B）、情绪智力画像（emotional intelligence profiling）；还可以做 360 度反馈、一对一或小组面谈，以及发展历史回顾；等等。

许多评估工具只能由训练有素的心理专家使用。佩尔蒂埃指出，心理测试和评估是“心理专家相对于其他类型的咨询顾问具有明显优势的一个重要领域”，并认为评估代表了心理学的“由历史形成的核心能力”。

瓦西里什（Wasylyshyn）认为，“作为一种展示相关信息和见解的有效方式，心理测量不能被低估”。而基尔（Kiel）等人则指出，高管们相信数据，所以，当我们提供数据时，他们就会对高管教练过程产生信心。

经验丰富的教练往往拥有自己偏爱的评估方法。教练心理专家通常对特定的心理测量方法有很强的兴趣，但其他教练认为360度反馈是一种更有用的数据收集方法，因为它带来了更丰富的视角，而且增加了“对他人的影响”这一重要维度。

除了心理测量和360度反馈问卷以外，还有几种其他的评估方法，比如在工作场所对客户进行观察，采访与客户关系密切的同事，包括同僚、直接下属和上级经理。了解其详细的生活历史也很有帮助，因为它能让你对一个人的生活有更全面的了解，还能揭示出一些重要的主题和事件，从而帮助教练在日后能了解到问题的来龙去脉。评估的范围与深度应视情况而定，全面的评估并不总是必要或恰当的。教练任务的产生有时源于组织内部操作的一次评估，有时则是几个月前所做的360度反馈的后续跟进。因此，重复这样的评估过程在时间、精力和财务预算上都是不划算的。作为教练，更合理的做法通常是阅读所有可用的数据，或者再和客户的同事做几次一对一面谈作为补充。

珍妮·罗杰斯（Jenny Rogers）评论心理测量在教练中的应用时，提出了一个重要的观点，她说：“归根结底，最重要的问题是你为什么要使用心理测量问卷。”她指出，新手教练常常出于焦虑而被这些工具和技术所吸引。由专门方法产生的、提前准备好的报告可以为教练提供一种安全感。罗杰斯适时地提出警告：教练可能会不加区分地使用问卷调查，而不去思考客户是否真的需要它们。我自己作为教练培训师的经历证实了这一点，我经常观察到课程学员们围成一团，对另一名学员进行密集的询问，只因他刚刚被授权使用某种最新的心理或情商测量工具。这种焦虑的背后通常隐藏着一种恐惧，即如果自己就只是简简单单地出现在客户面前，并询问其“你想如何利用这次教练对话”，是不是不足以找到合适的教练话题。他们担心的是，客户会带来什么重要的议题呢？会有足够多的话题可以讨论吗？作为教练，我能胜任吗？

这并不是要贬低评估工具的地位，它们确实可以极大地增进客户的觉察。但你必须弄清楚为什么要使用它们，并接受适当的培训才能使用，同时还不能过度依赖它们。它们只是达到目的的手段，而不是目的本身。

罗杰斯还提出了另一个有趣的观点。她注意到测评工具也会破坏教练工作关系中的力量平衡，因为教练重新扮演了专家的角色，而不再将议程交由客户来决定。我们都明白这样会多么迅速地使客户回归到被动的状态，而不再是主动的学习者。尽管基尔等人所说的“高管相信数据”这一点很有可能是正确的，但我们不应忘记，专业人士也往往会对专业知识紧抓不放，因为专业知识此时就像一条舒适的毯子，起到了安慰的作用。

反馈

评估过程可以采取多种形式，但其中最重要的方面肯定是数据的交付。培训教练和咨询顾问使用心理测量工具的认证课程要求他们必须亲身体验测量过程。然而，许多教练并没有亲身体验过 360 度反馈。只要试想一下让同事、可能还有客户，甚至是家人提供关于我们的详细的反馈，就足以让大多数人陷入盲目的恐慌。然而，这种对未知的体验恰恰是我们作为教练经常要求别人去做的事。大多数高管客户对此都抱着积极的态度，并勇敢地宣布，他们必定能够学到一些关于自己的有用的东西。有些人则害怕它，认为自己不应该成为评估的对象。无论是哪种情况，教练都不应该掉以轻心，也不能没有充分的准备。

当我们对一个人进行一系列测试时，我们也不应该忘记，数据可以为客户揭示许多发人深省的问题。这对某些人来说可能是一次引人入胜的经历，而对另一些人来说则可能是一场痛苦的折磨。是好还是坏在很大程度上取决于四件事：客户的个性、提交报告的方法、教练的技能以及数据中积极面和消极面的比例。如果一个客户很难听进去负面的反馈，那你就必须具备高超的表达技巧。任何一名有经验的教练，如果曾经使用过 360 度反馈，都能明白那种感觉——提前看到了某份报告，然后边看边想："天哪，这样的结果可真难说出口啊！"这些时刻可能既是你教练生涯中令人沮丧的瞬间，又是你最重要的发展机遇。它们会带你走出舒适区，并要求你发挥出最佳水平。

能够利用好反馈信息，说明这个教练对象的可塑性很强。因此，正式的反馈会谈会提供一些明确的迹象，让你知道未来的教练工作究竟能有多大的潜力。为了确保这一次或几次反馈会谈的成效，你必须牢记一些实务和情感上的指导方针。最重要的一点是，要根据材料的数量、广度和深度，给客户留出足够的时间。教练经常没能安排出足够的时间，或者他们会允许客户从预先分配好的会谈日程中挪出时间用于反馈。一个有用的策略是，为一场 360 度反馈的汇报谈话留出两到三个小时的时间。

此外，你不应该简单地把报告发送给收件人，让他们自己去打开、阅读和消化。原因不言自明，但保险起见还是要强调一下。确实会有人这么做，但这种做法弊大于利。它破坏了评估 / 反馈过程的可信度。对一些客户来说，这样的评估 / 反馈过程可能会传递出严重的负面信息，而他们只有在得到恰当的、足够的支持的情况下，才能处理这些信息。

阶段 3：创设教练议程

在教练过程的早期阶段，有时教练会太过马虎，对创设一个清晰的教练议程不够重视。这可能会导致客户日后对教练产生不满情绪，甚至导致客户提前终止合作。然而，如果评估阶段得到了正确的实施，那么它应该可以提供足够多的数据，以供我们创设教练议程。

另一个资料来源是三方契约中的赞助者。客户的上级经理或组织的人力资源总监将是教练关系中的第三方，他们通常会针对教练工作过程明确地提出一些期望的成果。这些应该在签约会谈中明确地讨论过。然后就是客户本人，他可能自己也有一份想要带到教练活动中加以探讨的议题清单，当然也可能没有。有些客户确切地知道他们想要利用教练活动来做些什么；还有一些人则没有想得这么清楚，此时，一种更结构化、引导式的教练议程的创设方法，会使后面这一类人受益匪浅。下面有三个真实的教练议题的例子，就是通过上述方法形成的。

首先是安东尼的教练议题。

- 打造一种更注重绩效和客户的文化。
- 提升手下顶级团队的表现。

- 改善向上管理的效果。
- 决定如何处理某位业绩不佳的总监。
- 提高自我管理能力。
- 学习如何让自己更具影响力。
- 更能抓住战略重点。
- 创造更好的工作和生活平衡。
- 思考如何定位自己，以迎接下一份工作。

接下来是苏珊的教练议题。

- 重振工作热情——她的原话是“我内心的那一点火花熄灭了”。
- 重新评估自己的管理风格。
- 更有效地管理时间。
- 在员工的教练和发展方面做更多的工作。
- 解决一些个人发展的问题——“别人告诉我，我现在很容易发怒，使人望而生畏”。
- 考虑继任规划。
- 更多地放手，信任团队。
- “考虑我的人生要去向何方，是继续留在企业内工作，还是要彻底改变生活方式。”

最后是乔治的教练议题。

- 思考工作环境中的一些问题。
- “有时候会觉得有点孤单，我需要更多的支持。”
- 多挑战自己。
- 加强自律。

- 改善和老板的关系。
- 确保自己有被包容、被接纳的感受。
- 更有效地管理自己的情绪反应。

前述教练议题涉及以下几个范畴：

- 战略管理；
- 组织政治；
- 向上管理；
- 团队绩效；
- 情商（自我管理和关系管理）；
- 行为改变；
- 个人支持；
- 领导力发展；
- 留出时间思考出问题的事项；
- 包容接纳；
- 个人挑战；
- 工作与生活的平衡；
- 职业进阶；
- 意义建构。

在现实中，总结出一份涵盖范围如此之广的教练议题，其实是很常见的。这份列表向我们强调，高管教练必须拥有广泛的商业、教练和心理方面的专业特长。

阶段 4：安排教练干预措施

你可能有自己最喜欢的教练工作的安排方式，比如说，在 6～12 个月的时间里，安排 6 次教练对话，每次 2 小时，但重要的是，要牢记灵活性的原则。教练工作的一个标志性特点是，它是根据个人和组织的需要量身定制的。因此，你必须用新的眼光看待每一个具体情况，小心不要执着于过于刻板或公式化的教练安排计划。

有些时候，你必须对情况做出紧急应对，比如说当某位高管正在经历危机时。此时你可能必须提供更多的支持，坚持一段时间后，才能放松下来，并恢复正常的会谈日程安排。

有时候，让不止一名教练参与到教练的实施过程中是很有帮助的。此外，在客户的工作环境中紧随左右，做一名“影子教练”，或许也能带来真正的好处。有些客户看重在教练对话的间隙通过电子邮件或电话联系教练的机会，另一些人则从不这样做。关键是我们要以新的眼光看待每一份教练工作的具体情况。应该考虑到客户的需求，并为其量身设计干预措施。

还要记住，场地也可能成为一个关键因素。如果你在酒店大堂里对一名高管实施教练，他是很难在这种环境下对一个严肃的问题敞开心扉的。或者，即使他当时真的这样做了，以后也可能会因为缺乏隐私而变得小心翼翼或感到难为情。你必须确保物理空间能够提供一个合适的氛围，以便在需求出现时，可以在这样的环境中开展更深入、更密集的工作。

教练工作通常要用几个月的时间来实施，你应该意识到前方还将遇到各种各样的挑战。关于人类，有一点是可以确信的，那就是我们的生活总是在不断地变化。在教练过程开始时，我们可能以为自己已经弄清楚了教练议程，但是随着时间的推移和工作的开展，我们会发现一些更重要的、更紧迫的问题从幕后移到了台前。如果你的工作时间比较灵活，那你就能适应情况，解决当前出现的重要需求。

阶段 5：实施教练工作

现在，我们已经谈到了教练的实施环节，前面所有的阶段都是为了让这一环节得到更完备的信息，从而为这一环节提供支持。实际上，这个说法也并非完全正确，因为教练工作在整个过程中一直都在发生，只不过在不同时刻伪装成了不同的样子。然而，总会有那么一个时刻，所有的诊断和准备工作都已就绪，一系列的教练对话从此开始。正是从这个时刻开始，好的教练方法开始发挥作用。下面论述了一些关于“什么构成了好的教练工作”的指导方针、诀窍和提醒。

全然投入当下

首先且最重要的是，你必须全身心地投入当下。教练是一种对话，而不是面试。这意味着真正地参与和真诚地接触（contact）①。为了做到这一点，你可以在谈话开始前做好心理和情感上的准备，以尽量减少分心，从而专注于当下。运动员们为了集中注意力以赛出好成

① “接触”是格式塔疗法的一个重要概念，被认为是促成成长与发生改变的必要条件。当我们与环境接触时，改变就无可避免地发生了。接触是通过看、听、嗅、触摸和移动等方式来达成的。良好的接触指的是与他人自然地进行交互作用，但仍不失其个人的个体感。个人对环境的适应是一段不断变化而富有创造性的历程，而与环境有效接触的首要条件就是敏锐地察觉、充满活力及自我表达的能力。——译者注

绩，会提前热身，而他们的教练也会和他们一起放松。与之类似，高管教练同样也必须找到方法，以切换到教练工作的模式。有些教练会花时间阅读前几次教练对话的笔记，还有一些教练则确保自己有一些安静的时间来集中注意力。

我之所以强调这一点，是因为我坚信，当我们接触的时候——与我们自己、我们的客户还有我们之间的关系发生接触，总是会有某些事情发生的。相反，当我们没有去接触时，就很少会发生什么变化。所以这第一个挑战就是全然投入当下。如果你能够全然投入当下，那么至少有一件事是你能够确切知道的，就是你的客户有没有全然投入当下。如果他因那些让人分心的事物或脑海中来来去去的念头，而无法全然投入的话，那教练对话也许只能停留在一个相对肤浅的层面，到了对话结束时，你们双方都不会感到满意。如果接连几次对话都是如此，那么这位忙碌的高管很可能会选择退出。他可能会取消原来约定的教练对话，而你试图让日程安排表回到正轨的努力会遇到重重困难。出于这些原因，你有必要当面询问客户是否真的能“到场”，即不要“人在曹营，心在汉”。不过，或许你可以用幽默的方式来温和地处理这个问题。

当教练和客户都全然地专注于当下，他们就可以商议决定，如何最好地利用会谈时间，应该聚焦于什么议题。早期的对话通常用来解决教练议程中优先级高的、有针对性的议题。对双方来说，从哪里开始最合适也是不言自明的。而且，通常情况下，一种向前推进的势头就此萌生发展。下一次对话会从上一次对话结束的地方开始，然后双方就商定的执行情况进行回顾，以从中收获关键的学习要点。

双方都希望保持这种势头，并感受到工作正在取得进展。如果情况并非如此，作为教练，你必须勇于表达你的担忧，并准备好承认你可能对此也有责任。这可能需要你重新审视教练工作关系的质量和深度，看看其中是否出现了某些障碍。

随着信任的建立和关系的日益融洽，教练过程会渐渐有它自己的生命，而且对双方来说常常是非常愉快和有益的。尽管心中也有轻微的恐惧，因为对话意味着再次把自己置于一个弱势的位置，但客户还是会数着日子盼着他们的教练对话，他们会感到自己被教练过程“迷住”了，心理上的安全感也逐步增强。

为了确保客户感到他们能够解决自己最紧迫的问题，在教练对话中平衡支持和挑战是至关重要的。过多的支持和过少的挑战会让客户缺乏刺激，甚至感到无聊。过多的挑战和过少的支持则会导致压力和不安全的学习环境。有些教练很难找到那个平衡点。他们要么难以表达同理心和温情，要么缺乏当面质疑和挑战现状的能力。这可能是这些教练自身的障碍，要靠督导和自我发展才能更清楚地理解如何达到平衡。

保持向前势头的关键在于，教练有能力解决核心问题。这恰恰是更高水平的心理能力的用武之地，因为许多复杂的教练议题除了外在层面以外，还会有一个内在层面。高管客户通常对他们的教练抱有很高的期望，希望教练能够触达问题的核心，而这正是高效能高管教练的关键能力之一。

许多教练开展工作都基于这样一个假设，即在整个教练工作过程中，他们将是客户唯一的教练。对某些客户来说，“不换人”这一点非常重要，尤其是那些千辛万苦才建立起对教练的信任和信心的客户，更不应该轻易冒险。然而，让客户接触到不同人的影响可能是有价值的，有时，我会建议客户在我的教练团队中寻找不同的成员进行一到两次教练对话。这样做通常是为了给客户提供一个与其他教练合作的机会，这些教练可以通过自己独特的技能组合和生活经验，带来一种不同的教练形式，从而为客户增加价值。没有一个教练能成为所有人的灵丹妙药。有的时候，我能判断出客户的需要是更侧重于心理层面还是更侧重于战略，这样就可以有的放矢。还有些时候，我就只是遵循自己的直觉。

如果你正在考虑请你的客户和另一位教练合作一段时间，那么你必须确保进行了适当的准备。这样做确实是有风险的。客户可能会觉得自己被转手给了他人，甚至是被拒绝或被抛弃了。只有在你们已经建立了牢固的教练工作关系的情况下，你才能这样做。即便如此，这种做法对某些客户来说仍是不合适的。对你自己来说，这样做也是有风险的。如果客户更喜欢另一位教练，或者对他的技能评价更高，那该怎么办？新手教练应该在考虑这种干预措施之前花点时间好好想一想，并在做出任何承诺之前先向自己的督导师咨询一下。然而，根据我的经验，这种做法可以提升客户的体验质量，因此，它应该作为教练实施方式的一种选项，被我们牢记在心。

实务安排

大多数教练实施地点是教练的咨询室、客户的办公室或培训室、酒店的会议设施。有些教练喜欢电话或电子通信的方式，也有不少人将这些方法当作面对面教练的补充。迄今为止，仍然几乎没有什么研究能告诉我们，非面对面教练与当面接触的教练对话相比，效果究竟如何，但毫无疑问，许多高管教练认为两者都有必要提供，其理由不言而喻。举例来说，客户可能刚刚结束上次的教练对话，这时一个非常重要的新问题出现了，他们想就此与教练进行探讨。如果非要等到原定的下一次教练对话，比如说四周以后，那么这整件事情可能早已“时过境迁”了。客户此时此刻就需要得到帮助，哪怕只是出于这一个原因，为了处理更紧迫的需求而让门保持敞开，也是一种明智的做法。有些教练可能担心这会被客户滥用，我不得不说，我过往的经验并非如此。高管们往往都很独立，在他们愿意接受额外帮助之前，通常早已经尝试过许多努力。

其他注意事项

主动与客户联系是一个非常重要的姿态，这种做法通常会受到忙碌的高管们的欢迎。教练通常是想到了一些可能对客户有用的东西，然后才根据这些想法采取行动。这些有用的东西可能是报纸或杂志上的一篇文章，也可能是在客户参加晋升选拔之前给他寄的一张祝福卡，或者只是一封为了保持联系的、简短的电子邮件。某些客户会感谢你送他的一本书，尽管许多人在明面上表示自己对看书缺乏兴趣，但仍有一些人真正看重你推荐的读物或音像资料。

服务的可得性对教练来说也是一个关键问题。你越成功，在管理时间方面就必须越精细，这样你才能有时间为你的客户服务。教练服务的购买者常常会担心高管教练过于忙碌，因此会询问你到底能够在他们的高管身上花费多少时间。

关于教练工作实施的最后一点就是，教练应该像重视教练成果一样重视教练对象，这个观点在很多教练书籍中都会提及。这一说法首先出现在蒂莫西·高威（Timothy Gallwey）的教练著作中。“关心”并不常出现在教练能力清单上，但它却是任何助人活动的基础。那些被吸引到教练行业的人，本性中都有着强烈的关心他人的一面。这里我想要表达的是，不要害怕去表达这种关心。

阶段6：回顾与评价

对成果的评审和投资回报率是当前教练领域中最热门的两个话题。企业现在对教练已经有了不少的认识，他们想知道，自己的投资能换来什么，以及如何衡量成功。

然而，这却是让许多教练感到最不舒服的话题。这并不是说我们不同意“对教练工作进行评价”这条原则，而是因为我们至今没找到标准的方法，既能产生预期的结果，又能让委托教练工作的组织相对轻松。

有些教练喜欢在教练过程的开始和结束时使用360度反馈，再辅以一次半程会议来审查目标的达成情况。这种做法有其自身的逻辑性，尽管当教练项目涉及大量人员时，它可能既不经济也不可行。如果你要求忙碌的管理者在一年或更短的时间内两次填写数份冗长、耗时的360度反馈问卷，大部分人都不会感谢你。一个解决办法是使用定制的、简约的、特别关注预期的教练工作成效的问卷版本。

许多教练会采用另一种更简单的评价方法，即对照最初在签约阶段确定的教练目标清单，并在中途和教练工作结束时各安排一次评审会议。会议参与者通常包括赞助者、教练和客户。在这个过程中，每一方都要分享自己的观点，谈谈教练工作究竟有多大的进展。可以表达不同的观点，但最终会达成共识。如果教练工作成效显著，那么每个人应该都能了解并承认这一点，如果不是，那么事实应该同样显而易见。

你也可以使用一种涵盖范围更广的评价方法，具体包括与客户以及客户的上级经理、平级同事、直接下属和其他重要人物的一系列面谈。这使你能够生成一份包含多个视角的详细报告。如果组织愿意投入足够的时间和预算来进行这项工作，那这将是一种优秀的教练工作评价方法，值得推荐。

所有这些方法都基于一个前提，即教练工作目标是明确的，但情况并非如此。有时，教练在签约阶段就知道目标并不明确，只是他们当时容忍了这种情况，不过到了评价阶段往往就会追悔莫及。这也是为什么你最好在一开始就态度坚定、立场鲜明。如果在合约签订后，你仍然不能轻易地直接说出教练工作的目标，那么你在接下来的工作中就可能会遇到问题。你应该确认一下自己是否真正理解了教练议程，以及这些议程是否切实可行。这样一来，到了回顾和评价的时候，你就有了一个可以参照的标准。

从宏观上看，教练工作是一种成功的组织干预措施。但我要提醒你，不要夸大它的有效性。有少数研究的确得出了积极的结果，这些研究是很好的阅读材料。这些研究结论通常被大量引用，尤其是在那些教练网站上，以及在业务推广资料中作为营销话术而出现。但这些研究仍处于早期阶段，关于组织中教练工作的成效，相对而言缺少可靠而全面的研究。

本章小结

在本章中，我以经典的组织发展模型为蓝本，修订并提出了一个包含六个阶段的教练工作过程。你可能会疑惑，教练工作过程是否必须遵循这个顺序呢？我的观点是，大多数情况下是这样的。当我们所签订的合约不够明确时，我们其实就是在为未来积累问题；当我们未能实施一个足够稳健的诊断过程时，我们可能会错过客户外部和内部世界中一些基本的重要方面；当我们对创设一个共同商定的教练议程没有给予足够重视时，我们会发现教练工作很快就会失去动力；到了最后阶段，如果我们不对教练过程进行回顾和评价，又怎么知道它有没有效果呢？

这个过程中也有一些变量是允许自由裁量，并根据具体情况而定的，主要包括事前评估和事后评价的范围和性质、教练对话的次数以及它们的实施方式。然而，一般的实施顺序都是大同小异的。

第 2 章　高管教练的关键成功因素

成功的高管教练工作有哪些关键因素？目前教练领域还未能对此达成普遍共识。一些人积极宣扬某种特定的模型和方法，他们可能认为自己已经有了答案。但是，无论你的出发点是什么，几乎可以肯定的是，教练动态中的三个组成要素——教练、客户以及两者之间的关系，必然占据强势而显著的地位。

教练的能力和职业精神

我们可以推论，在关键因素中，教练的技能和经验必然会占有一席之地。但是，是什么因素让教练得到“优秀”“足以胜任”或者“完全不称职”的评价呢？很多教练行业的相关人士都在追问这个问题。教练服务的购买者必须知道“优秀”是什么样子，才能做出合理的购买决定。客户自然想知道他们的教练是否合格。教练培训机构必须回答这个问题，从而在培训和培养教练时做出合理的判断。在市场上提供高管教练的专业教练公司也必须考虑这一点，以便在招聘时做出明智的决定。

我曾与许多教练共事，培训过的教练更多，以我多年的经验来看，有两个方面最为重要。首先是教练的综合能力，其次是其职业精神。我之所以特别指出后面这一点，是因为它是好的专业实践的基础。

我将从教练能力这个话题开始讨论，这个问题多年来一直困扰着教练领域的许多人。然而，还有另一个随之而来的问题亟待解决：所谓的能力对应的是什么类型和水平的教练工作？直接主管扮演教练角色时，其所需具备的能力可能与专业的高管教练确有某些共性，但也肯定会有一些不同之处。同时，人们对两者应该具备的能力水平显然有着完全不同的期望值。同样地，职业生涯教练、特定领域的教练或主要从事评估与反馈指导的职业心理专家，尽管他们各自拥有某些深入的专业能力，但不一定具备一般高管教练所应具有的全部能力。

以下所列出的能力项专门针对高管教练，它们分属于五个更高层次的能力类别，即商业、教练、心理、人际关系管理和专业实践。

商业能力。这包括商业意识和“悟性”，对组织动力学、领导力、战略、文化和政治的理解，以及在企业圈子中可以舒适自如、游刃有余的能力。缺了这些，高管教练可能不会被信任和接受。这对企业内部和外部的教练同样适用。

教练能力。这是技巧、过程、方法、心态和角色清晰度等元素的综合产物。有些人认为，那些真正拥有超强教练能力的人还应该拥有其他领域的能力——尤其是商业能力和心理能力，因为一个好的教练应该有能力对任何人实施教练，无论对方是何背景和职业。这个观点乍一听挺有说服力，也有一定的道理，然而，在对高管教练的角色进行更深入的研究后，发现的结果并不支持这一观点。相反，研究成果表明，高管教练工作的议程和背景要求教练必须拥有更丰富的知识基础和技能组合。

心理能力。教练的心理能力建立在心理感受性（psychological mindedness）的基础上，而心理感受性指的是反思自己和他人的行为、思想和感受背后的原因和意义的能力。觉察——包括自我觉察和对他人的觉察——是心理感受性最基本的要求。教练工作任务通常包含行为方面的内容，要求教练了解改变是如何发生的（以及为什么通常难以发生），并拥有行为教练方面的技能。在教练过程中，事前评估阶段的重要性也表明，有必要针对评估方法和技巧进行培训。对于高管教练来说，接受心理咨询或心理治疗方面的培训可能会有一些好处，它们能使高管教练学会诊断企业环境中更复杂的心理问题，以及指导他们的高管客户度过人生的关键阶段。

人际关系管理能力。这是一系列与关系建立和关系发展有关的技能组合，具体包括：沟通技巧；建立并维护亲和与信任关系的能力；能展现出非评判性的立场；能表达出热情、机智，懂得外交手段。安排好三方契约也属于这类能力之一。

专业实践能力。这包括遵守保密协议、诚信行事、恪守职业道德、遵守公认的职业道德规范。它意味着言出必行，始终如一地展示最高标准的职业精神。作为教练，你还有责任通过持续专业发展（continuing professional development，CPD）以及积极参加教练督导，来满足自己学习和发展的需求。

专业背景的相关性

教练在多大程度上拥有上述的一系列能力，取决于他们的专业背景、所受培训和经验阅历。根据我的经验，大多数教练——无论是新手还是更有经验的教练——至少在其中的某个方面有待开发。

在很大程度上，客户能够了解他们的教练是什么样的人，以及这名教练能从自己以往的工作和生活经验中带来什么。一些专门针对某个细分市场的教练咨询公司会通过签下企业或体育界的“名人”来开拓业务，并设法利用这些名人的声誉和人脉。某些由公司前董事或首席执行官身份转型为教练的人，尽管拥有丰富的组织经验，以及很强的人际关系管理技能，但对教练和咨询之间的区别往往缺乏认识，而且通常很少或根本没有接受过心理方面的培训。因此，他们那种“我见过，我做过”的心态，会使他们很快滑向战略性建议提供者的角色。同样，前运动员的确可能是业内优秀的教练，但他们可能过度依赖从体育运动中推断出来的成功要素，并给出过于简单的建议，认为那些运动中的成功因素就足以为商业世界提供答案。

人力资源总监、管理培训师和组织发展专家往往拥有广泛的能力，但通常缺乏任何实质性的心理培训和心理学背景。心理专家、心理治疗师和心理咨询师在心理领域更强，也可能拥有良好的人际关系管理技能，但往往缺乏与企业相关的知识和经验。

没有人在开始职业生涯时就是高管教练，所以进入这个新兴行业的人必然会随之带来这五类高级能力中的某些能力，但却不可能是全部的能力。事实就是如此，没必要对此有负面的看法。更重要的是找到合适的培训和发展方法，来弥补能力上的不足，而这是许多高管教练面临的一个关键性挑战。

教练的职业精神

教练通常会了解到一些高度敏感、微妙的个人和商业信息。举例来说，你可能会提前知道某个客户即将被解雇；另一名客户可能会透露，她正纠结于要不要检举老板的财务违规行为；某位首席执行官可能会告诉你其公司即将被接管，而这一消息要几天后才能通知员工。因此，在保密和酌情决定权方面，你有责任遵守最高的专业实践标准。最重要的是，高管们要对自己的教练充满信心，相信他们能确保一切安全无后患。

许多（尽管不是全部）教练都遵循一套已有的道德准则来开展工作，有信誉的教练培训机构也会将职业问题作为教学大纲的一部分。那些来自心理治疗、心理咨询和临床心理学等专业的教练，更是早已遵循着一套已经确立多年的、非常明确的专业指导方针。

尽管如此，围绕着健全的专业实践这一问题，人们仍然有各种各样的担忧。许多进入教练领域的人渴望成为专业教练，但他们几乎没有相关的培训和经验，甚至很可能从来就没有考虑过专业实践的问题。他们并没有按照某种道德规范来开展工作，职业界限模糊不清，谈及专业督导，往往不是没有听说过，就是根本不理解它的目的。

专业实践能力非常重要，原因有以下几点。首先，经验丰富的教练最担心的那些问题关系到职业标准，因为“一粒老鼠屎坏一锅粥”，某些人的不良实践可能会对其他从业者产生坏的影响，也会伤害这个正在努力建立名声和信誉的新兴职业。那些承诺能在 2 ~ 5 天的课程中培养出专业教练的培训机构只会增加这种担忧。

更令人担忧的是，那些本意良好但训练不足且缺乏经验的教练对客户而言可能弊大于利。他们可能会与客户形成不恰当的、缺乏职业精神的关系。这种情况经常出现，比如教练关系突然之间就变成了亲密关系。

教练服务的购买者希望得到保障，以确保他们想要聘请的教练在专业上是胜任的。那些接受教练服务的人必须能够信任教练的能力和操守。高管教练最重要的一个方面就是在复杂的组织动态和政治中，具备保密和采取适当行动的能力。合理把握职业的边界是至关重要的。

但是，职业精神不应该仅仅被看作一组“不应该做的事情”。道德规范和良好的行为准则中包含着智慧，这些往往是通过总结过去的教训而辛苦得来的。当你知道你正在实施最高水准的专业实践时，你也会感到自豪和愉悦。它能激发你和客户的信心，他们会相信你是个可靠的帮手。

教练工作关系

许多教练都认为，教练工作关系的质量是教练取得成功的唯一关键因素。教练为高管创造了一个足够安全的空间，让他们冒着必要的风险去学习、发展和改变。

成功的教练工作关系的特征

基尔伯格总结了成功的教练工作关系的特征：

- 可预测性和可靠性；
- 时间、地点和保密性等基本因素，费用和取消会谈的程序，以及教练对家庭作业的期望，从一开始就被恰当地加以说明；
- 教练对客户复杂的经历体验表现出尊重、体贴和理解；
- 教练对客户表现出同理心；
- 教练以一种真实和诚恳的方式进行互动，并让客户产生一种体验，觉得自己获得了非占有性的关注。

基尔伯格还列出了教练对待客户的方式，包括：表现出对客户个人应有的尊重；考虑和理解客户的生活及其内心世界的复杂性；有礼貌；准确地共情客户（同理心）；机智。

熟悉“以来访者为中心”这一心理咨询理念的从业者会发现对基尔伯格的这份列表似曾相识。考虑到卡尔·罗杰斯（Carl Rogers）所倡导的“以来访者为中心”的方法所带来的巨大影响，这不足为奇。

以来访者为中心观念的影响

罗杰斯提出，有许多核心条件决定了治疗关系的质量，并帮助客户创造出一个有利于成长和发展的环境。它们是：无条件的积极关注和接纳；一致性 / 真诚；准确的同理心。无条件的积极关注意味着表达一种不带评判的、深刻而真诚的关心；一致性意味着你的行为要符合你自己的价值观和信念体系，在与他人的互动中力求保持真实和诚恳。准确的同理心是指从对方的主观现实角度出发，来理解对方的世界。

自罗杰斯提出有益的治疗成果所需的“必要和充分条件”以来，已经过去了半个世纪，大量的研究证实了他的观点。然而，他的“核心条件”对许多教练来说都是一个挑战。在教练培训项目中，我经常听到受训者们承认，他们很难采取非评判的立场。许多人在表达同理心方面也有问题，这些人认为，如果他们能够做到了解客户的想法和感受，就已经足够了。

然而，同理心不仅仅在于你是否认为自己理解了对方的世界，更重要的是，你有没有用一种有意义的方式来表达你的同理心。同理心是要去传递和表达某些东西——一句深思熟虑的、细腻敏感的评论，或是一个关心的姿态。

建立和谐的教练工作关系

教练工作关系是动态的，它会随着时间的推移而发展和变化。但有时却不是这样。在一些情况下，它可能会陷入难以摆脱的困境。罗杰斯流派所提出的框架有一个巨大的价值，那就是它可以帮你找到一些原因，使你明白那种难以捕捉的良好联结为何没能实现。

大多数教练都能回忆起那些在第一次见面时不太热情的客户。也许那种疏远感是相互的。好消息是这种情况经常会发生变化。由于关系的动态性，一段关系即使刚开始时很冷淡，也往往有可能转变成好的关系。如果作为教练的你能够促进核心条件的产生，那么客户就会更愿意暴露他们的弱点，并且更愿意冒险，在教练过程中向你袒露心迹。这反过来又会在你身上产生不同的反应。

在某些情况下，你需要更加认真地反省，并问自己：“与这位客户在一起时，我是否做到了全然投入？我是否将自己隐藏起来，却期望客户打开心扉？”如果这些问题的答案是“我太放不开自己了”，那么你就要问一个新的问题：“我是否准备好为这位客户冒更多的风险，并真心实意地为他服务？”

教练的人际关系技巧有待提升

对于某些高管客户来说，他们最想要解决的问题就是使自己有能力建立有效关系。戈尔曼（Goleman）的情绪智力（emotional intelligence，EI）框架包含四个主要元素：自我觉察、社会觉察、自我情绪管理、关系技巧。高管教练要处理的经常是其中某个领域的发展需求。此外，对高级经理就人际关系技巧问题开展教练是很常见的做法。这个议题可能会通过360度反馈、绩效考核、团队发展会议或评鉴中心浮出水面，还可能由申诉指控这类更正式的机制引发，从而引起关注。

教练工作关系可以是一个试验场，让客户获得反馈，以了解自己的表现如何。同事们可能不愿意给出直接的、严厉的反馈，但作为教练的你却被期待着这样做。教练工作关系可以成为一种载体，你可以通过自己对客户的互动方式、沟通方式和联系方式的观察与体验，向客户提供即时的反馈。

有些客户希望你能以一种机智、敏感和体贴的方式传达反馈信息；另一些人则坚持你要有一说一，实事求是。对于教练来说，一个永恒的挑战就是，如何鉴别他们的客户是什么样的人，客户工作环境中的文化又是什么样的文化，从而根据情况调整自己的风格和方法。

认可客户的能力与成就

总的来说，来接受教练的人都是相对成功甚至是非常成功的人士。无论你和他们在什么场合见面，他们都有相当大的优势。因此，既肯定其成就，又肯定此人本身，对他们来说都是很重要的。来自一个值得信任和重视的同侪的肯定，在任何人的生活中都是非常重要的。而大多数人得到的这方面的肯定都很少。

你很可能是唯一一个与客户有着平等职业关系的人。客户知道，教练工作难免会涉及发展的议题，会谈到他们自己有哪些方面需要提高和改善。但他们也希望听到，你能认可他们已经做得不错的方面——要把那个更加正面的故事也讲出来，那是客户已经取得的成就。

很多时候，恰恰是这种肯定，鼓励着你的客户克服艰难险阻，在自我发展的道路上奋力前行。当你真正认可你的客户时，你就相当于在情感账户中存入了一大笔钱。

关于信任的议题

如果不强调信任，那么任何关于教练工作关系的讨论都是不完整的。信任能让客户感到足够安全，使他们说出他们要说的话，并反思自己的错误和缺点。这就将我们直接带回到罗杰斯的观点上，因为如果教练不能接纳客户——或者更糟糕的是，传达出一种评判的立场，那么客户肯定会退缩，而且将来也不太可能再打开心扉反思自我了。

信任是多维度的，客户对你的信任与你的职业操守有关，也跟你的能力有关，这两个方面对于教练尤为重要。职业操守要求你保守秘密，并以机敏、老练和诚实的方式行事。一个不谨慎的评论或传播流言蜚语的行为会完全破坏信任，甚至摧毁教练工作关系。

客户对教练本人的信任固然重要，但对教练能力的信任也是十分关键的。当客户对教练的方法、判断或行为感到怀疑时，就会质疑教练的能力。尽管大多数教练都知道，他们的工作是引导和促进，而不是告知和讲授，但还是有一些教练容易随随便便地给出建议。那些向教练寻求答案的客户一开始可能会欣赏从你身上散发出的智慧闪光，但如果他们后来发现这些建议不靠谱，很快就会变得谨慎起来。更有经验的客户知道教练工作本质上是一个促进的过程，他们可能会怀疑你是否真正了解自己的角色。另一种情况则是，客户被教练带到了深层次的情感地带，而这个教练却由于技巧和理解力不足，不能充当合适的向导和安全保护网，从而导致客户产生深深的焦虑感。

因此，要建立和维护教练工作关系中的信任感，能力与操守同样重要。作为教练，你的应对策略是要清楚地知道自己的长处和不足，然后在这个基础上行事。这是职业精神的一个重要方面。

教练工作关系是教练成功最重要的关键因素。它将对教练的培训产生重大的影响。很多以模式和技术为基础的培训课程，将来可能会更加强调教练工作关系，并努力提高教练的人际关系技能。这也可能意味着我们要更加关注在向客户提出挑战的同时，如何更有效地为他们提供支持。

教练的重要价值之一就是为你带来这样一种体验——体验到有人真正在你身边，鼓励你相信自己并实现你的目标。多年后，当客户回顾他们早年接受教练的经历时，他们想到的都是教练这个人，而不是教练使用的工具或心理框架。那些从未正式接受过教练服务的人，生活中也会有一些同样重要的人物，履行着同样的职能。当我们回忆起这些人时，往往会有一种温暖的感觉，这些人可以是父母、亲戚或学校里的老师。生活中总有一些人，无论是不是教练，都会给我们留下深刻而持久的印象。

客户方面的因素

我们很容易就认定，只要教练在他们的方法上足够胜任和专业，按照健全的教练原则和恰当的过程来开展工作，能够与客户建立联结并形成牢固的帮助关系，那么积极的教练成果就肯定会随之而来。毕竟，教练工作本身是有效的，不是吗？

然而，上述成功公式中还遗漏了另一个重要的因素，而且可能是最重要的因素，那就是客户。到目前为止，很少有人关注“教练工作在谁的身上收效最好，以及是不是所有人都是潜在的教练对象”这样的问题。其结果是，许多组织在提供教练服务时不加区分，更多地考虑教练是不是合适的人选，而不是潜在客户是否适合接受教练。这不可避免地导致大量投资带来的只是不良的结果，也让一些人对教练工作的价值和益处产生了疑问。

目前，一个最紧迫的研究需求就是寻找证据，从而指引教练服务购买者和从业者都能够获得更好的教练效果，而选择应该为谁和不应该为谁提供教练服务则无疑是这项研究中的一个关键问题。很显然，简单地对整个管理层进行教练是危险的。教练工作对一些人确实有效，但肯定不是对所有人都有效，有些人可能会对此很失望，从而贬低教练工作的效用。

还有些教练过分热衷于宣扬教练工作能达成什么样的目标，但这无助于解决问题，反而让情况变得更糟。新兴的教练行业在这方面也应该审视一下自身，因为它在一定程度上也参与了炒作，而这种炒作反过来给行业自身也造成了问题。现在要做的是更认真地考虑，教练工作如何发挥作用，一名有用的教练要具备何种能力和素质，以及对谁开展教练工作会取得最好的效果。

表 2–1 中的客户可塑性框架也许是一个很好的基础，帮助我们想明白上文中的最后一个疑问，即哪些经理和高管最可能和最不可能从教练工作中获益。希望这将帮助教练和教练服务购买者做出更明智的决定，知道朝哪个方向努力。这个框架对教练督导师也会有参考价值。

客户可塑性的解读框架

这个框架将可塑性分为五个水准：最高的是“优秀”，接下来是“良好”“一般”和“较差”，最低的是“不合适”。而第五个水准则表明，当前客户存在严重的心理问题，在这种情况下对其进行教练是不恰当的。表 2–1 中的第一行涵盖了各种议题，诸如绩效表现问题、人际关系问题、职业脱轨的威胁、接受教练的动机等等都是关键因素，决定了教练工作取得积极成果的可能性。但这些议题确实还须进一步理清。

表 2–1　　客户的教练可塑性水准

严重的心理问题	人际关系问题	他人对其看法	职业脱轨的威胁	绩效表现问题	接受教练的动机	可塑性水准
无	没有或很少	优秀或良好	没有	没有	高	优秀
无	没有或很少	优秀或良好	没有或很少	没有或很少	中到高	良好
无	低到中	中等	低到中	低到中	中等	一般
无	中到高	低到中	中到高	中到高	变化不定，高低皆可	较差
有	高	糟糕	高	高	变化不定，高低皆可	不合适

水准 1：可塑性优秀

我想用一个提问来开始这一小节。请你花点时间思考一下自己的教练工作经历，寻找那些强有力的、明确的例子，看看在你教练过的人当中，有多少人是你能够明确地归入教练“可塑性优秀”这一类别的。我认为可能只有极少数人。

这是因为，并不是说没有消极因素就能算是“可塑性优秀”，而是必须有强烈的积极因素，方可界定为“可塑性优秀”。这些积极因素包括：对持续改进的坚定决心、对学习的渴望，以及成为“最好的自己”的强烈愿望。这类群体给自己设定了很高的标准，他们很少会希望或要求别人给自己设定标准，因为他们瞄准的水平永远都是卓越。他们明白从经验中学习的必要性，把失败和挫折视为学习过程的一部分，当事情进展不理想时，他们往往会迅速地恢复过来并继续前进。他们也很重视自己作为榜样人物的责任，并强烈地意识到发挥自身领导力的重要性。这类人也很喜欢迎接新的挑战，对自己和他人的成长和发展都有坚定不移的决心。

他们把所有这些——甚至更多的东西——都带到教练的舞台上。他们的动机很强，已经准备好接受教练，并把自己在教练对话中获得的点点滴滴都转化为实实在在的行动，不仅让他们自己受益，也让他们的同事和服务对象受益。

所有这些听起来都好得令人难以置信，这可能意味着对这类人进行教练绝对是件轻而易举的事。然而，事情还有另一面。他们对自己的高要求也会转移到作为教练的你身上。他们想要最好的，而且想要看到成果。这可能会吓到某些教练，这些教练会陷入自己的内心对话中，比如："对于这个人来说，我是一个足够好的教练吗？""这位客户会对我评头论足吗？"这种自我干扰会通过焦虑感或用力过猛的教练行为而对教练自身的表现产生不利影响。

和这样的人合作也会很兴奋、很刺激。双方的门槛都很高，而且能给教练工作带来好处。这类客户常常想要有挑战性、有见地的反馈，如果这样的反馈足够多，他们就会很高兴。通常情况下，他们在日常生活中得不到他们想要的这种高质量的反馈。

当你读到这里的时候，你可能会联想到职业体育选手——运动员，高尔夫球手，橄榄球、足球或板球运动的选手等等。之所以这样说，是因为大多数成功的竞赛选手都是拥有上述品质的典范。当然，根据我自己在职业足球和商业领域的工作经验，有许多足球教练都表现出了学习和提高的渴望。他们总是在寻找那个能为自己镶上金边、带来优势的小金块。

在商业环境中，在经理、主管乃至更低级别的员工中也有人符合这些标准，可以成为教练服务的主要对象。然而，危险可能是，人们不把教练服务提供给这些高绩效群体，而是提供给那些有绩效问题的人。前者可能会被忽略，而借口是他们已经做得很好，所以不需要教练。人们有时候会忽略一条真理，即教练工作恰恰最适合那些已经处在百尺竿头，但仍想更进一步的人。

水准 2：可塑性良好

当面向资深管理团队和整个高管层提供教练时，会有许多人属于第二类，即“可塑性良好”。毕竟只有高度关注结果并富有责任感的人，才会升到高级职位。然后，他们会将这些品质体现在教练活动中，换句话说，这些人会认识到组织为他们提供教练服务，其实是在对他们进行投资，因而会认真对待，并尽可能地从这个过程中得到更多东西。

在教练工作过程中，那些具有良好可塑性的管理者很少会带来负面议题，比如绩效表现问题或人际关系问题等。对任何能从中获益的地方，他们都表现得很感兴趣，也很开放。与第一类人不同的是，他们可能并不总是那么迫切地想要提高自己，也不会那么贪婪地寻求反馈。他们可能正处在舒适区，不清楚自己想从教练活动中得到什么。他们的想法大致上是这样的：“我没有遇到任何严重的问题，所以我不是很确定在教练对话中该做些什么。”

在这种情况下，你可能需要花更多的心思去帮助你的客户理解教练活动的潜力，并帮助其超越问题本身去思考。你可以通过一次演习，来揭示教练议程可以涵盖多么广泛的议题，这样做对客户而言——特别是那些刚开始接受教练服务的客户——是很有帮助的。向新客户展示这样一份清单，可以帮助他们在初期阶段就形成一个完整的教练议程。

这一类人的教练动机水平可能各不相同，通常来说，都处在“中等”到“高”之间。可塑性优秀的第一类人有一个共同特征，就是他们那异常高的动机水平，但在第二类人中，情况有所不同。如果你期望客户有更高的参与度，就会带来一个问题，即你可能会无意中将自己的期望投射到客户身上，对客户没有充分有效地利用教练机会感到失望、沮丧或愤怒。教练的耐心和毅力是解开这个问题的钥匙，因为这类人一旦开始看到明显的好处，就会对这个过程投入更多的热情。投入水平是可以在教练过程中逐渐提高的。

回想一下我之前提出的问题：你合作过的客户有多少真正达到了可塑性优秀的标准？我猜想，既然此刻我们的考虑范围已经降到了第二类的良好水准，那么符合这个描述的客户就应该增加了不少。在组织生活中，“拥有超强的动机和愿望去提升自己”这种情形其实并不常见，很可能比我们想象的更为罕见。

水准 3：可塑性一般

毫无疑问，很少会有人愿意被描述为“普通”或“一般”，除非他们一直在努力摆脱“表现不佳”的窘境。360 度反馈的过程可以向一些管理者揭示出，其他人对他们的看法并不像他们对自己的评价那样好。他们的自我感知可能处于“良好”或“非常好”的水平，但其他人可能认为他们更接近于“合格”或“一般”水平。

一直以来，大多数公司都在不断拔高它们对业绩的期望，过去认为可以接受的情况，现在不能接受了，从而导致一些人陷入了困境，或者为了保住工作而苦苦挣扎。因此，第三类人与第二类人在这个重要的意义上有所不同——他们是潜在的职业脱轨者。这就导致针对他们的教练服务有很大的不同。

处在这种水准的经理和高管通常是因为某项评估或某次绩效考核的结果才来寻求教练的帮助的。他们可能在技术方面很擅长，并且所负责的部门可能很少或者根本就没有业绩问题。他们有待提高之处可能更多地表现在团队领导能力、人际关系和情商方面。如果他们接受了 360 度反馈，其结果通常是喜忧参半、瑕瑜互见，还可能会有一些令人不快的意外冲击。

在经历了这样的过程后，人们自然而然会期望这个人能够通过努力将这种新的自我认知转化为更好的绩效表现。教练服务有时会被当作一种实现这一目标的支持手段。在这种情况下，教练通常会寻找一些迹象，以确定这个客户是否认同自己必须改变，并表现出解决问题的强烈愿望。激发这种认识和愿望的因素，很有可能是这个人的职位安全受到了威胁。这对于教练固然是一个困难的起点，但它反过来也可以起到鞭策作用，同时也能为教练提供一套清晰的工作目标。如果一个人对这些反馈充耳不闻，那么教练工作就会变得很困难，因为客户不仅在抵触这些反馈和提供反馈的人，也在抵触你。

因此，可塑性处在第三级水准的客户，其动机强度可能有很大的不同，而这将是教练工作成败攸关的因素。还要注意的是，动机具有感染性，因此，教练本身也会潜移默化地影响到客户的动机强度。

当客户真正表现出改变的决心时，作为教练的你通常也会受到感染，为客户贡献自己的全部力量。当你遇到抵触，特别是长时间的抵触时，你自己的决心和动力也会受到影响。当这种情况发生时，把这类问题带到你的督导师那里，一起探究客户的绝望感是如何影响你的，将会大有帮助。

与这类人合作可能是最困难的。在第一级和第二级的可塑性水准上，你可以指望客户具有良好直至优秀水平的动力和决心，而在第三级水准上，好的和坏的情况都有可能发生。鉴于此，无论是组织还是教练本人，都要清楚自己对教练过程有什么期待，以及客户有没有真的接受它，这一点对你们双方都十分重要。

水准 4：可塑性较差

可塑性较差意味着这个人存在绩效表现方面的问题，而且那些重要的他人（如老板、平级同事和直接下属）对这名客户充满了负面评价。你立即就能知道后续工作是有难度的。但从某些方面来说，与这类人合作反而比与第三级水准的人合作要容易。因为在这种情况下，每个人都知道自己的位置，教练的目的是挽救客户的工作。但是要注意一点——你必须确定组织尚未决定要淘汰该客户，否则你所做的教练工作充其量只是一种伪装行动，会给你和你的客户都带来强烈的负面情绪。

不幸的是，我们并不总能弄清楚组织是如何看待这种情况的，你很有可能无法看清组织的意图。甚至当你以为自己知道的时候，情况也会因你的参与而发生变化，让你最初的判断失效。在这种情况下，教练工作充满了各种问题，但也蕴藏着机会——在一个人面临失业而陷入人生危机的时候，助其做出真正的改变。

让客户陷入麻烦的那些行为和态度往往会在教练工作关系中再现。其中一些可能是情商的问题，比如客户表现出低水平的自我和社会觉察。你可能会感觉客户只是当着你的面说话，而不是对着你说话，感觉自己被当成了一个物品，而不是一个活生生的人。客户可能会讲一些冗长、散漫、离题万里的故事，让你感到无聊和沮丧。你们之间的互动可能充满“解离”（deflection）[①]的特点并且缺少正面接触。当你试图集中注意力或提供反馈时，你的努力可能会被反弹开，其结果只是产生了另一个冗长的故事。

虽然上述情况难免具有挑战性，但仍有可能通过努力产生好的结果。更麻烦的情况是，客户在其工作的技术方面也有严重的绩效表现问题。因为教练工作不太可能对这方面问题起到很大的作用，所以非常有必要在一开始时就检查这些因素是否存在，如果存在的话，就核查一下它们在整体问题中占到了多大的比例。

处理行为和情商方面的问题，要求双方都具备一定程度的坦诚，而这种坦诚对其他类型的客户群体来说不是必要的，即使对教练来说，有时也会难以表达坦诚。有些教练在“唤起和支持”的教练模式

① 在第 1 章中，我们谈到过格式塔疗法对“接触”的重视。相应地，格式塔疗法的重要贡献者波尔斯特夫妇曾经总结过人们五种主要的抗拒接触的方式，“解离”就是其中的一种，第 12 章还会谈到另外两种即“回射”（retroflection）和“内摄”（intrijection）。具有解离倾向的人借着幽默的反复使用或不实际的类化与发问，而回避述及自己的问题。他们与环境的接触建立在一种不协调的基础上，因而经常使他们在情绪上感到空虚。解离会使得情绪经验逐渐减少，那些具有解离倾向的人在与别人接触时很少谈及自己，只是不断地谈论别人的事。——译者注

下感觉更为自在，他们会担心发生冲突，而且非常不愿意得罪人。但是当你合作的对象是身陷困境的人，这一点就会成为某种障碍。你只有提供一定程度的直白反馈，才能挑战客户根深蒂固的习惯性防御，否则就会面临这样的危险——你产生不了影响，客户也不会改变。

如果教练工作已经取得了突破，这通常会给你自己或客户带来风险。他们可能会分享一些深深的忧虑，担心失去工作对家人和自己的自尊意味着什么。客户的情绪可能会很强烈，这考验你能不能为那些有强烈情感需求的人提供支持。

有些教练会避免与这类人合作，这样做完全情有可原。因为风险很大，客户接受教练的动机可能会被质疑，甚至委托的公司都没有完全说出它们的真实意图。其中最重要的是，客户可能很难打交道，表现得非常顽固、难以理喻。因此，教练有充分的理由选择只与可塑性优秀、良好或一般的客户合作。不过，还有另一种视角需要我们加以考虑。

职业脱轨和事业脱轨是我们这个时代的一个特征，统计数据显示这一现象呈上升趋势。对公司来说，这是一个财务上代价高昂的问题；对个人来说，这是一个令人担忧且往往具有毁灭性的打击。如果教练工作真的可以帮助一些人避免职业脱轨，那么就值得努力尝试。也许这正是教练发挥作用的时机。

水准5：目前不适合采用教练作为干预措施

这一类和前几类群体的主要区别在于，他们的问题是心理学和医学上的。当这些问题被发现和确认时，教练往往不是一种恰当的干预措施。这些情况在组织生活中十分少见，但也确实存在，这样的例子包括抑郁、严重焦虑和成瘾，还有一些高管患有精神分裂症和人格障碍。

如果病情得到确认，那么就必须考虑进行治疗。治疗一般由医疗和精神卫生服务机构的临床医生实施。通常，管理者会离开一段时间，然后再按计划返回工作岗位。很多时候，这样做都能带来预期的结果，管理者得以继续其职业生涯。然而有些时候，情况可能急转直下，个人会以健康状况不佳为由离开组织。在这种情景中，帮助他们治疗的主要是专业的医疗和心理服务机构，组织方面则是这个人的上级领导、同事和人力资源部门。

上面的情景是假设病情已经得到了识别、诊断和治疗。遗憾的是，情况并非如此，每家公司都会有心理状况复杂的人，其中一些人可能身居要职。他们的同事可能也知道问题所在，但却不知道该怎么办。特别是那些有人格问题的人，人们与之相处时会遇到各种各样的麻烦，却不懂问题究竟出在哪里。这种情况可能持续数月甚至数年，并带来毁灭性的影响，但却从来没有被诊断出来。

有些时候，人力资源部门会联系外部的教练，可能是受过心理学或心理治疗训练的人，希望他们至少能对当前的状况做进一步的了解。或者，他们会把这个人转介给公司内部的医生，再由医生转给精神病专科的医生。然而，情况总是反反复复。人们也会担心，如果公司未能妥善处理，就会遭到诉讼，而这会进一步加剧组织的混乱，使其不能良好运转。

但是，还有一个与业绩有关的原因，也能解释为什么这些情况没有及早得到处理。公司会认为他们中的某些人能够交付漂亮的业绩，所以不想失去他们。尽管人们非常清楚，这样的人会使身边的同事受到伤害，但在进行成本－收益分析以后，最终决定付出这种代价，以确保公司的经济利益。

作为教练，你必须了解第五级水准的情况。如果组织急于寻求帮助或掩护，有时就会把教练当作一个解决办法。而在这种情况下，教练作为干预措施通常不太可能奏效。更糟糕的是，它还带有一定程度的职业风险。如果你认为你的教练对象可能有着更复杂的心理结构，就一定要把这个问题告诉你的督导师，以获得他人的支持和另一种视角，这一点很重要。

客户方的其他因素

为了使工作更有成效，心理咨询和治疗领域多年来一直在深入研究究竟是哪些因素在其中起作用。鉴于高管教练行业还处于起步阶段，目前还没有可供参考的类似研究，不过这个问题应该很快就能得到解决。但是在那之前，我们不妨借鉴一下“导致改变的普遍因素”方面的众多研究成果。艾西（Assay）与兰伯特（Lambert）对这些研究进行过一次重要的总结，提出了治疗成功的四个主要因素：客户本身、治疗关系、希望与预期、模型与技术。哈伯（Hubble）、邓肯（Duncan）和米勒（Miller）的合著中也介绍了这次研究总结。艾西和兰伯特将成功的 40% 归因于客户本身，30% 归因于治疗关系，希望与预期、模型与技术各占 15%。换句话说，这项研究表明，客户及其生活环境的状况，构成了改变过程中最重要的因素。那么，是哪些生活环境因素发挥了如此重要的作用？

这些生活环境因素既包括客户内在的力量，也包括他们所处环境中的支持元素，比如友谊和家庭、亲密社交网络、宗教信仰，以及爱好和休闲活动等。

一些内在因素如自信、动力、坚持不懈和个人责任感等，同样是关键因素。有了它们，成功的可能性就会更大。

我们可以看出，这对于个人改变是一种比较乐观的看法。普罗查斯卡（Prochaska）等人对改变过程的研究为行为教练模式提供了依据，他们断言："我们可以认为，所有的改变都是自我改变，而所谓的心理治疗只是在专业的教练辅导下所进行的自我改变。"

这项"改变的普遍因素"研究可能包含了一些对教练工作有用的信息。我们已经在前面的可塑性讨论中得出结论，客户的内在力量，特别是客户参与学习和改变的动机强度，是教练工作能否成功的关键因素。对于教练来说，一定要牢记客户的外部环境有多么重要。当客户试图改变根深蒂固的思维方式和长期存在的行为模式，我们应该清楚地意识到，如果他们在个人生活中得到有效的支持，他们成功的概率就会大得多。

最后，有一个不容忽视的关键问题——教练的工作归根结底是要帮助客户进行自我教练。从这个角度来看，教练工作关系可以被视为一座桥梁，通向更有效的自我支持。

Psychological Dimensions of Executive Coaching

第二部分

教练处理的常见主题和议题

教练通常不清楚什么才算是有效的教练主题和议题。教练相关文献中也很少讨论有哪些话题和主题可供高管教练参考。因此，现在是时候进一步深入探讨教练究竟在做什么了。这些讨论将揭示出，教练议题中包含着很强的心理维度。以下这个列表采用了教练的视角，但对于那些还不太懂得充分利用教练服务的客户来说，应该也是有价值的。你需要在早期阶段就与客户讨论这些教练主题。

1. **技能和绩效表现**

- 学习一项新技能或培养一种能力。
- 解决问题。
- 做一个重要的业务决策。
- 调整管理风格或改变行为方式。
- 提升个人绩效表现。

2. **个人发展**

- 了结一些发生在工作场景中的“未完成事件”（unfinished business，详见 188 页），例如一段充满冲突的工作关系。
- 开发情商。
- 培养更深层次的自信和信心。

3. 领导力

- 为未来的领导角色做准备。
- 成为更高效的领导者。
- 发展影响力技能。
- 更加具有战略性。
- 打造高绩效的团队和组织。

4. 意义建构

- 在你的生活和工作中找到更多的意义、满足感和平衡。
- 发现你自己真正想从生活中得到什么。
- 做出重大的生活改变。

第3章 技能教练和绩效教练

学习一项新技能

技能教练是在岗学习的一种形式，绝大多数情况下由直接主管实施。一些开始打造教练文化的公司也会雇用团队教练，他们的主要职责是从旁协助团队成员发展技能。这种做法在呼叫中心这样的地方变得越来越普遍。技能教练的目的是强化入职和培训课程的学习效果。在一份新工作开始的阶段，这一点尤其重要。因此，技能教练通常安排在新手上岗的前六个月，因为在这段时间，人们会逐步弄清楚这份工作的真正要求是什么，每个人在哪些方面有待提高也逐渐明晰。不过，即使到了日后，只要一个人觉得自己已经停滞不前，或者觉得自己的能力必须提升到一个更高的水平，技能教练就仍然很重要。

技能教练适用于所有级别的人，从最初级的岗位一直到最高层级的领导职位。具体的技能可能会有所不同，但需求却普遍存在。一个主要的障碍是某种在许多组织中普遍存在的文化现象，即认为高管不需要在技能层面上发展。毕竟，如果一个人被认为可以胜任高管职位，还能因此而拿着高薪，那么他就应该拥有继续干好这份工作的技能。

在组织顶层和资深管理层级上，最常出现的技能问题是个人应该如何表现自己。这一问题通常与人际交往、演讲陈述、谈判和影响技巧有关。从本质上说，它事关一个人给别人留下些什么印象，以及这些印象产生了什么影响。

培养一种能力

与学习一项新技术相比，培养一项新的能力是另一种挑战。它更侧重于完成多重任务，以及准确快速地交付大量工作。如今，人们对管理者和员工的期望越来越高，在紧迫的期限内完成任务是必需的。这就要求我们要有学习的能力和欲望，而且还要学得快。事实上，这一特殊的能力现在已成为商业生活中一项关键的职业技能。那些学得快的人很受欢迎。因此，帮助人们增强内驱力，以应对越来越快的工作节奏和日益复杂的工作，是教练工作所起的关键作用之一，也是教练工作最重要的贡献之一。

这类型的工作有时会让教练进入指导模式，有些教练不会为此感到困扰，但另一些人就会感到不舒服。举例来说，在职教练就常常会将反馈与指导、建议、提供信息相混淆。

解决问题

> 教练过程让我可以仔细思考并解决一些棘手的管理问题和个人问题，或者将它们推进到下一个阶段。这些问题大到部门架构重组，小到人员配备。关键在于，教练对话能够迫使你抽出时间来考虑这些问题。这些问题通常在短期内很容易逃避，但积累起来以后就会将你拖入深渊。
>
> 盖瑞

新手教练们容易走入一个误区，即认为教练工作不在于解决问题。你可以试着这样去告诉你的客户，他们可能会点头同意，然后继续告诉你他们的问题。毫无疑问，教练就是要解决问题的。事实上，客户在教练活动中最看重的就是，在解决问题的过程中体会到你的帮助。人们固然想要对自己和自己的处境有新的洞察，但他们也想要得到切实可行的解决之道。

解决问题的过程也包括将问题梳理清楚。问题可以是内在的（内心世界），也可以是外在的（外部世界）。举例来说，问题可能是与同事或老板的关系不好。对于这个问题，从外部层面来看，他们之间也许要进行一次对话，以解决之前发生的一些冲突。而从内部层面来看，问题可能是客户内心对直面冲突的恐惧以及担心对话将会如何演化。例如，你的客户可能担心自己会惹恼别人，或者是不小心暴露自身的弱点。

内心博弈和外部博弈

在我们对教练的培训中，经常参考蒂莫西·高威提出的“内心博弈”[①]教练理论，即人们在外部博弈中的表现会受到其内心博弈的影响。无论是在体育还是商业语境中，他极具影响力的见解都是我们理解绩效表现的基础。

内心博弈指的是我们的心理世界，在这个世界里，我们的潜力、希望、梦想和欲望与我们的恐惧、怀疑、自我限制的信念和假设相伴相随。许多教练学员一开始都会有一种强烈的倾向，即在外部现实（也就是外部博弈）中去帮助客户苦苦寻找解决问题的方案。他们往往在还不能充分理解问题的复杂性时，就迫不及待地采取一系列的实际行动（考虑到“聚焦于行动”这种做法在组织生活中被认为是一种无价的美德，也就不足为奇了）。毕竟，行动计划通常是任何商业会议最为看重的成果。但一旦从仓促、肤浅的对话中得出的解决办法不能满足形势的要求，这种办法的缺陷很快就会显露出来。

如果我们能放慢脚步，更彻底地审视问题，真正认识到我们处理问题的方式，就会发现问题在于我们自身。换句话说，我们之前认为那些属于外部博弈的问题，也包含了内心博弈的因素。我们自己其实也是问题的一部分，换句话说，是我们促成了问题的产生，我们需要改变自己在人生剧本中所扮演的角色。或者我们看待问题的方式本身就是主要问题——或许我们做出的一些假设根本经不起检验，或许

① “内心博弈”和“外部博弈”的英文分别为“inner game”和“outer game”。其中前者更通行的译法也许是“内心游戏”。但是由于“外部游戏”的说法给人的感觉不够严肃和正式，故本书将“outer game”翻译为“外部博弈”，相应地为了统一译法，也将“inner game”译作“内心博弈”。——译者注

我们不愿意承认自己的某些行为就是问题的一部分。举例来说，如果我们认为自己必须是对的，也坚持自己永远是对的，又或者顽固地抱着一个“人类和世界应该是怎样的”僵化的信念体系，那当别人不遵守这一套规则时，我们就会认为他们错了，并指责他人而不是反省自己。当然，导致某些问题产生的内部因素相对较少，也相对不重要，但这些问题往往是客户能够自行解决的。

这里想要强调的是，重大的绩效表现问题，即人们最为困扰和困惑的那些事情，往往既有外部因素也有内部因素。这也是为什么教练需要加强自身的心理理解力和心理能力。从这个角度来看，教练工作必须在外在和内在两个层面上展开，才能帮助人们解决问题。

做一个重要的业务决策

客户会把他们要做的艰难决策带到教练活动中来讨论。例如：“我应该冒险实施规模扩张吗？”“我要让某些员工离职吗？”“我是要保持原来的一团和气，还是做出艰难的决定，替换那些我非常怀疑的人？”“如何增加营业收入？可以在哪里降低业务成本？”“我如何改变公司的文化？”“我们如何帮助员工跟上公司的发展速度？”

以上种种，在客户的业务问题中只占一小部分。客户心里明白他们必须做出一系列关键的业务决策，只是暂时未能下定决心。他们希望有一个参谋来帮助自己权衡各种利弊，以便自己尽快做出决策并采取行动。他们一开始可能没有意识到，他们眼前的困境包含着外部博弈和内心博弈两方面的因素。如果他们真的意识到了，可能就会陷入进退两难、举棋不定的状态中。

案例说明

尽管这家名为路标营销（Signpost Marketing）的小公司稳步发展，但董事们一直不愿增加成本预算，迟迟不做增员的决定。相反，他们继续“压榨”自己和现有的小型业务团队，并将额外的工作外包给自由职业者。这种情况在任何一家小型企业中都相当典型。尽管这种做法有一定的好处，但也可能会引发一些问题。公司的董事决定聘请一些有经验的引导者（facilitator）来协助他们深入研究问题，评估现有选项，从而找到最优方案。引导者们在外部博弈层面十分擅长，他们很快就发现了业务问题，并鼓励团队进行头脑风暴，推演出一系列未来的情景。在经过几轮研讨之后，引导者们最终还是要面对董事们提出的那个无法避免的问题：“那么，你们接下来要做什么？”这个问题通常是以一种友好、善意的方式提出的。在引导者看来，事情似乎很清楚，在经历了如此精彩的研讨过程以后，答案应该就在那里。但事实却并非如此，董事们都承认自己依然不知道该怎样行动。随后，当他们的内心博弈被揭示出来后，他们说自己感到恐慌，也觉得自己有点愚蠢，因为他们本应知道答案才对。他们觉得自己不是好客户，让引导者失望了，而引导者反过来也承认多少对客户感到有些沮丧。一个合理的过程本该是有效的，但在这种情况下，它显然是无效的。

进一步的考察表明，尽管聚焦于外部博弈有一定的帮助，但内在问题却几乎没有得到重视。当被问及内心的想法时，董事们都承认他们内心深处藏着许多疑虑、不确定和恐惧。他们承认，尽管有些情绪可能是不理性的、夸张的，但无论如何，它们的确存在。

他们其实想要的是将内心的想法与感受呈现出来，仔细地审视它们，进而更好地理解它们。也许到了那个时候，他们就能放下其中的一些想法，或者至少会意识到自己还没有做好准备。无论是哪种情况，他们都会收获进步——哪怕只是一点点的进步。最重要的是，他们都希望自己的内心世界能得到承认和肯定，不管这些想法和感受听起来是否合理。

尽管这种偏引导式的研讨确实会产生一些有价值的东西，让董事们对所有涉及的问题和可选的方案都看得更清楚，但他们依然举棋不定，无法做出关键的决策。

案例的意义分析

上述案例给我们带来了几点启示。首先，做出艰难的决策往往都要经过深思熟虑并围绕一些提议反复探索。其次，外部的引导者或教练可以作为参谋和“镜子”，帮助我们理清许多事物。最后，那种在大多数商业咨询中属于规范操作的、聚焦于外部博弈的做法，往往无法解决阻碍我们行动和进步的关键问题。

对此，我的建议是，要学习如何在外部和内部两个层面上以更恰当、更熟练的方式来开展教练，以促进高威所谓的流动性（mobility）产生。流动性是一种充满能量的感觉和向前迈进的动力，源自清晰的思考和明确的目标。当那种停滞感、困惑感和不确定感被新的觉察和见解所取代，从而消失殆尽时，这种状态就会出现。

在前面分享的案例中，引导者事后坦言，他们当时其实已经意识到了内心问题的存在，并发现了一些迹象和信号。但是，正如许多咨询顾问、引导者和教练那样，他们更愿意止步于外部世界的博弈，而不确定从何着手去探索内心的博弈。

学习如何探索内心博弈，已经成了教练们当前亟待开发的能力。但我们要强调一下，尽管这个故事体现了一些心理层面的教练议题，但教练过程既不是心理治疗，也不是深入的心理工作。我们在这里谈论的是，要给予人们一个机会，让他们表达自己对变化的恐惧、对自我的怀疑以及那些常见的担忧与矛盾，正是这些心理活动阻碍了他们做出决策，以及踏入未知的领域。

调整管理风格或改变行为方式

大多数经理和高管迟早都会意识到其管理风格中的主导倾向。有些人是自己察觉到的，有些人则可能是通过考核过程、评鉴中心、360 度反馈、教练、团队发展活动或正式的人力资源流程等方式意识到的。

举例来说，一些管理者会被认为是工作狂、控制欲太强或者只关注自己的部门而不是整个公司。老板和同事可能会不停地要求他们放慢速度，或放松一点，或更具备团队合作意识，或更有大局观。另一些管理者则会被视为过于懒散、回避冲突或不愿直面业绩问题。后者所收到的反馈可能更多的是要求他们加强紧迫感，以及处理表现不佳的员工。

每种管理风格都各有其优点和缺点。如果要求管理者改变风格，那他们心中自然会产生复杂的看法和感受。有些人坚信他们的成功是建立在他们的主导风格之上的，如果改变这种风格，他们的效能就会下降。这些人无论如何都理解不了自己为何要改变，他们也会质疑："这个世界上真的有人成功改变过自己的风格吗？"

有些管理者则热衷于接受反馈信息，渴望学习任何东西——只要能够帮助他们提升自己的绩效表现，或者提升他们自己。他们只想知道，要怎样才能做得到。

无论你的客户是前者还是后者，他们第一步往往都是要消化这些反馈信息。客户很容易把他们自己的解释加在他们所收到的反馈上，有时，一些关键反馈信息与他们的自我认知大相径庭，以至于那些反馈对他们来说根本没有道理。通常来讲，教练的首要任务就是帮助他们调整自己的视角，真正看清并理解别人对他们的反馈。

拓展能力边界

作为教练，你的工作不是要颠覆管理者的原有风格，而是帮助他们拓展能力边界，这一点很有意义。这里所说的能力边界，包括他们用来处理当前一系列问题的行为和策略。管理者们遇到的一些困难，很可能是他们自身的反应与策略过于狭窄和僵化所带来的直接后果。当遇到来自外界的挑战时，他们很快就耗尽了倾听的耐心、包容的格局以及站在别人的立场看问题的能力。他们的自我调节和自我管理能力达到了极限，甚至可能马上就会气急败坏。不过，许多人不至于这样过分，他们最多变得尖酸刻薄、冷嘲热讽，或者默默地置身事外。

有些管理者可能会觉得，从根本上改变自己的为人处事方式对他们来说要求太高了。所以除了极少数情况，最好避免用如此极端的措辞来描述行为改变这件事，因为这样的字眼必然会使人产生抵触、恐惧或忧虑。因此，从长期来看，“拓展能力边界”这一概念可能更易于被接受、更容易实现，也能带来更好的成效。

管理者最常收到的建议是，不要埋头于事务，既要关注任务，也要关注人。这对一部分人来说绝非易事，尤其是那些通过工作的技术层面来获取个人满足感和价值感的管理者。在人力资源经理或者教练看来显而易见的道理——如果同时关注任务和人，就能使个人业绩得到更大的提升，那些管理者却充耳不闻，他们只是将这样的建议视作对他们繁忙的日程的打扰。

对于想要建立教练文化的企业而言，面临着一项挑战，即让公司中最看重任务达成的那些管理者认识到，下属的个人发展既有价值，也有益处。要想实现这一目标，最有效的方法就是让他们自己接受良好的教练服务。通过这样的体验，他们慢慢就会看到，自己为团队充当教练角色将会带来怎样的回报。

提升个人绩效表现

现在，许多组织都期望经理和员工能够更加清楚自己的工作表现，并且要有改进绩效的愿望。我的大多数教练工作都是在企业环境中开展的，但我也曾涉足过体育界。跨界往往是一种有趣的经历，我强烈建议其他高管教练也去体育界寻求一些教练机会。这两个领域有很多值得彼此借鉴的地方。许多体育组织可以从企业经营中借鉴一些专业的领导艺术和成功的管理实践。同样，企业高管和经理也可以学习竞技体育中关于绩效表现的态度和理念，以及后者对于准备工作、焦虑管理、专注力和求胜欲望的理解。

当我和体育教练一起工作时，我经常会发现他们有一种强烈的愿望，那就是收集任何可能对成绩产生影响的信息、技术、方法或想法。令人备受鼓舞的是，他们通常都能做到内外兼顾，既致力于提高自己的表现，也致力于提高他们所属团队的成绩。

职场人士越来越意识到标准正在不断提高，他们需要比以往任何时候都更努力地提高自己，上述这样的例子在企业中越来越常见。如果不能充分意识到这一点，就可能面临被淘汰的危险。

以上所描述的就是以提高绩效为目标的教练工作背景。随着变革的速度不断加快，企业对螺旋式上升的期待越来越强烈，这一背景可能会变得更加重要。在当今那些发展最为迅猛的公司中，高管们敏锐地意识到他们正在面临一个重大的新问题，那就是如何帮助他们的员工跟上公司的快速发展步伐。

那些足以威胁到职业生涯的绩效问题

很明显，能带到教练工作中探讨的绩效表现问题可能非常多，在此，我不打算列出一个完整的清单。相反，我想聚焦于少数关键性的绩效主题。斯宾塞·辛格（Spencer Singer）2001 年为洛尔研究所（Lore Institute）所做的研究进一步支持了美国创新领导力中心（Centre for Creative Leadership，CCL）的发现，即如果某些关键问题没有得到满意的解决，高管就有职业脱轨的危险。这四类问题是：

- 难以适应变革；
- 无法建立和领导一个团队；

- 情商方面的问题；
- 无法完成业绩目标。

难以适应变革

组织架构重组、市场环境的变化，或者仅仅是换了个老板，这些都属于重大的变革问题，有可能会给管理者带来困难。如果在他人的眼中，管理者没有做出正确的调整，或者调整的速度不够快，那么他们心中就会产生这样的疑问：此人是否具备适应新环境的能力？

当人们刚开始扮演一个陌生的角色时，他们可能会过度依赖以前的风格，或者故态复萌，做出不符合新形势的举动。此时，他们可能需要学习一些新的处事方式。大多数管理者都能认识到这一点，并通过学习新技能、增进技术知识或拓展能力边界等方式来做出必要的调整。在这方面，教练工作可以成为一种有用的工具，提供一些必要的反馈机制，提醒这些人他们是否走在正确的道路上，以及他们的改变速度是否够快。

外部的商业环境变化也会向经理和高管提出严峻的挑战。经济形势的变化会迅速影响到大多数业务部门，并为高管带来考验。尽管靠着有利的经济环境支持，某位高管可能已经持续多年取得了出色的业绩，但现在却发现更为严峻的环境导致其所负责地区的销售业绩严重下滑。此时，同事们将拭目以待，看看此人是否能调整自己的步伐，找到新的出路。

在内部，公司可能正在经历文化转变，这可能是由新的首席执行官带来的变化，也可能是为了应对外部市场的要求所做的调整。新的价值观、规范和期望可能会给一些人造成困扰。如果这样的情况发生，公司通常会为员工提供教练服务，这不仅是为了帮助他们跟上公司的发展步伐，也是一种预防措施，即预防员工将来因为变革而离职并采取法律行动。

但是，影响到管理者的最常见的变化，仅仅是换了个上司。每隔几个月就换一次新上司，而新上司往往会期待下属承担大部分的调整适应工作，这对管理者来说已是司空见惯。潜规则大体如下：了解新上司喜欢什么，不喜欢什么；把他们的优先事项当成自己的要务来处理；表现出忠诚；不公开越界。大多数高管对此都心领神会，他们会特别强调与老板搞好关系，以实现双方的共同利益。当遇到不可避免的意见分歧时，他们会谨慎地、巧妙地处理它们。

向上管理的难题

处理好与上司的关系——或者通常所说的“向上管理”（managing upwards）——是人们如何看待管理者的一个关键因素。有些管理者在这方面存在问题，原因有很多：读不懂老板的心思，找不到有效回应的方法，或者一开始就直截了当地拒绝，不愿做出必要的调整。在这种情况下，教练工作的目标是通过帮助客户更清晰地了解这种关系的动态，并找出更有效的管理方式，从而改善其与上司之间的关系。

有时，这种向上管理的改善可能是件相对简单直接的事情，正如以下的案例所示。

约翰是一位高管，他负责某个零售部门已有12个月了。戴维是约翰的上司，同时也是公司的董事，他对约翰的能力有所怀疑，并且因为约翰很少向他汇报工作进度而感到沮丧。这让戴维在面对首席执行官萨利时陷入了尴尬的境地，因为戴维常常不能对约翰所管理的部门的表现掌握足够翔实的信息，这对他很不利。

另一方面，约翰认为他得到了一份高薪要职，因此应该埋头苦干作为报答才对，他认为向戴维提供非常详细的信息会打扰到戴维。他还担心戴维会将自己提供信息的行为误解为在找机会吹嘘自己的部门，并讨好逢迎上司。他并没有意识到戴维必须定期更新信息，以便为和萨利的绩效评审会议做充分的准备。

在教练对话期间，以上所说的这些思维模式和关系动态变得很明显，以至于被约翰觉察。他迅速改变了自己与戴维的沟通模式，提供了比之前更加详尽的信息。戴维的看法也随之改变了，因为他现在更清楚约翰和他的部门的真实成绩。

这个案例最终取得了积极的结果，但事情不会总是那么顺利。有些客户认为他们没有准备好去做出必要的调整，或者根本无法充分改变自己以符合上司的期望。然后他们就会得出这样的结论：唯一的办法就是主动退出，先发制人去找下一份工作。当然，如果公司比他们更快地认识到这一点，并首先启动解雇流程，他们可能就没有机会先去找下一份工作了。

无法建立和领导一个团队

在当代，有效的团队领导力被视为一种核心管理能力。我们期望资深经理和高管提供明确的方向，传达组织的愿景、使命和价值观，并领导他们的团队实现组织的各项目标。这意味着首先要挑选出优秀的人，对他们进行教练辅导，并培养一种高绩效团队的精神。

有时，为了打造最强的团队，可能有必要对成员进行调整。在这种情况下，人们会期望团队领导者能及时、有效地采取必要的行动。如果该管理者拖延的时间太长，那么情况就可能会慢慢发展成绩效问题。合理地安排人事、淘汰表现不佳的员工、积极主动地组建团队，对高管们来说都是与绩效有关的关键主题。作为教练，你必须对此有所认识。

情商方面的问题

情商通常被认为是将优秀领导与好领导区分开来的关键加分项。它被描述为一种卓越的因素，一种能帮助人们发光发亮、从同事中脱颖而出的品质。反过来，低情商现已成为可能会威胁到职业生涯的因素。过去，自我觉察和社会觉察力较低的人通常会被人们宽容，同事们也会找到自己的方式来和这些人共事。如今，在许多组织中，这种宽容会消失得更快。

有些管理者的情绪、行为和脾气爆发对团队士气产生了负面影响，对这类人的审视眼光正在日趋严厉。在许多公司里，越来越多的行为不再被人们所接受。麻木不仁、操纵他人、恃强凌弱、冷漠离群只是其中的寥寥几例。人们期望团队领导者要鼓舞人心、激励士气，营造一种积极的情绪氛围，让人们能够发挥出自己的最佳水平。

情商在其他情况下也很重要。团队领导者本人同时也是更高级别团队中的一员，会经常接受公司最高管理层的考查。那些缺乏人际关系管理技巧的人会表现得不合群，如果他们让上司感到尴尬、不快或恼怒，那么麻烦就离他们不远了。

无法完成业绩目标

在威胁职业生涯的绩效问题中，无法完成业绩目标必然是最关键的那个。有时，作为教练的你会大致了解到存在的业绩问题，但情况并非总是如此。你的教练对象在达成关键业绩目标的能力方面存在严重问题，而你却对此一无所知，这是很普遍的状况。甚至很有可能直到你的客户宣布她正在与公司协商离职补偿金时，或者电话响起，另一头是人力资源总监在解释刚刚发生的事情时，你才第一次知道这种情况。

你可能会很纳闷为什么自己没有察觉到迹象，或许还会因为公司没有告诉你情况的严重性而感到愤怒。它也会在你的脑海中引发这样的疑问："为什么我的客户就没能达成业绩目标呢？"

以上种种疑问很少会有简单的答案，但是有一些原因是比较常见的。首先，组织可能不希望与组织以外的某个不可控的人分享此类敏感信息。无论你认为自己多么值得信赖，公司的高层都会选择把他们对员工的审议严格限制在一个"仅限有必要知道"的范围内。其次，公司可能没有意识到教练也是牵涉其中的，或者对教练这样的人员不够看重。最后，客户可能一直在欺骗自己，也可能被自己的高管层所欺骗——他们自己也没有预见到这样的结果，他们原以为自己表现良好，正在逐步实现那些关键的业绩目标。

教练可以尝试用一些方法来使自己身处局中而不被边缘化。如果你和公司的高层有密切的联系，或者和人力资源总监关系很好，那么你就更有可能掌握关键信息。这也是为什么三方契约关系在高管教练中如此重要的又一个原因。然而，在你的高管教练生涯中，有一个无法回避的事实——在与工作有关的问题上，客户系统不会总是将你视为一个中立的盟友。有些时候，大门会向你敞开，而有些时候则会牢牢地关上。

体面地离职

面对被裁员的冲击，高管们的反应各有不同。对于大多数人来说，这是他们第一次亲身体验到“被裁员”，而不是自己去裁掉他人。当然，也有一些人以前就经历过。此时的感受会相当复杂，难以置信、悲伤、愤怒和困惑等情绪可能只是表达出来的冰山一角。帮助客户渡过这样的难关，是高管教练一项越来越常见的职责。处理这种教练议题，通常首先是鼓励客户详细地讲述故事，表达他们不吐不快的感受，并对“究竟发生了什么事情”以及“到底是什么原因造成的”产生更多的理解。

怎样应对这种情况才是最好、最成熟的表现？高管圈子内已经形成了一种普遍的看法。他们承认，这个消息一开始会是毁灭性的，但他们也期望那位被裁的同事能恢复足够的冷静，以文明的方式处理离职过程。他们不希望有强烈的情感表达，而只希望平静地尽快了结整件事情。

大多数高管认为，不管自己的感受如何，以上述的方式来行动都符合他们的最佳利益。他们意识到，自己可能需要公司出具一份措辞正面的推荐信，以便向未来的雇主展示。他们会小心避免关系恶化，以免影响未来的就业。他们通常希望自己的教练在这个策略上支持他们，并帮助他们保持良好的形象，一直到离职谈判完成。这些客户常常会说，他们的伴侣对公司的愤怒程度比他们自己还要强烈。尽管如此，他们还是决定要“体面地离开”，而不是搞得愁云惨雾。

但情况并非总是如此。组织在没有任何提醒的情况下就颠覆了他们的世界，某些客户就是感到怒火中烧，以至于一直为此争斗不休。他们的精力被锁定在了“采取法律行动”这个选项上，以为他们自认为蒙受的严重的不公正待遇讨回公道。客户的关注点因此发生了变化，他们会将自己的律师视为主要的专业支持来源。这种情况有可能标志着教练工作关系的结束。

第 4 章 个人发展教练

和“未完成事件”做个了结

“未完成事件”是教练工作中一个最常见的主题。在拖累绩效方面，它简直是“功绩显赫”，因为它会极大地消耗一个人的精力、专注力、决心和动力。试想一下，此时此刻，会有多少人因为与同事、老板甚至是已经离职的人之间的问题而考虑离职，仅仅是因为他们在一段关键的工作关系中有解不开的心结。

使情况变得更为复杂的是，未完成事件甚至可能并非来自个人当前的工作，而是来自其之前某份工作中的负面经历。然而，在那个情景中未释放的感受却在当前情景中流露了出来，只因当事人在当下感知到了某种相似的刺激。

有些人可能会说，最好不要触碰这个话题，因为揭开过去的问题存在固有的危险。相反，接受它的存在才是更好的选择。另一种观点认为，这属于心理治疗和咨询的领域，而不是教练的工作。

以上这两种立场都是可以理解的，处理这样的情况往往使人望而却步。一些未完成事件留下的创伤如此之深，以至于这个人需要专业的心理治疗帮助。在那种情况下，同事们可能已想尽一切办法来帮助他，但收效甚微，只能放弃，或者对这个人能躲就躲。

如果一个团队中包含这样的人，可能会付出高昂的代价。他很容易破坏团队士气，占用管理者过多的时间精力。通常情况下，团队领导会竭力寻求对策，也会考虑解雇他，但未必真的愿意这样做，因为此人也许在业务技术方面表现还不错，而且解雇他也可能会面临被告上劳资仲裁庭的风险。

每个组织中都会有一些人心中承载着严重的未完成事件，还有更多的人正在为一系列的未完成事件而焦虑不安，从感觉自己被贬低，到背了黑锅，具体情况不一而足。通常，在人力资源部门的帮助下，高管和经理们会通过私下谈话、调解程序、团建活动和退思静修会等方式来处理这些未完成事件，这是他们日常工作的一部分。

尽管处理这些问题会让人感到畏惧，但管理者和员工都认识到，这是必须要做的事情，因为不这样做的代价太高了。团队业绩表现会受到影响，会使员工完全丧失工作积极性，甚至直接跳槽到另一家公司。

那么，在这种情况下，教练工作又能起到什么作用呢？它能成为扭转乾坤的干预措施吗？经验表明，在许多情况下是可以的。教练可能是第一个不加评判、不去打断、完全投入地聆听这位创伤受害者的人。其他人可能卷入这个问题太深，导致这些创伤受害者不愿意详细讲述自己的故事。一般来说，详细地讲述是至关重要的第一步。尽管这听起来有些不可思议，但有时只需要详细地诉说和全心地聆听，问题就能够解决。被他人真正聆听的体验足以让某些人解开心结，开始用不同的眼光看待事情。

但是，事情往往没有那么简单。通常情况下，个体会不止一次遇到这些问题。假设问题来自一段当前仍在存续的关系，那么他还是要回到这段关系中，和事件的另一位主角对话。通常你会发现，客户从未真正与问题中的另一方开诚布公地交流过。当教练提出这个显而易见的问题——“你将这些告诉他了吗”，答案通常是否定的，或者是：“我提过一些，但不是以现在这种方式。”有时，教练会使用一些技巧使客户的情绪得以宣泄，并帮助其预演他想对另一个人说的话，从而很好地解决未完成事件。在一个安全的场合预演一遍，往往可以做好铺垫，有助于客户以后与那个真正的事件主角面对面解决问题。

开发情商

可能在一些组织中，仍有一些人对情绪智力（emotional intelligence，EI）的概念知之甚少或充耳不闻。然而，在大多数情况下，EI 或者更为人所知的 EQ[①] 在管理和组织领域早已深入人心。对此做出了贡献的戈尔曼和其他一些人，也得到了来自人力资源、培训、咨询和教练领域的同行的赞赏，因为他们的这个理论为个人发展干预提供了更有力的理由。多年来，总有一些固执的管理者乐此不疲地质疑：他们为什么要占用本已很紧张的管理时间，来参加“煽情”的培训或团建活动。而培训师、引导者和咨询师们在面对这些讲求实际的管理者时都

① EQ 的英文全称为“Emotional Quotient”，即情绪商数，一般简称情商。——译者注

感到自己有点站不住脚。

对教练而言，如果客户在首次教练对话时就说“我来这里就是为了提高自己的情商”，那未免不太寻常。但是，只要你们的教练工作持续时间足够长，你就会遇到情商问题。情商问题往往会在领导力教练和行为改变的过程中逐渐凸显。

戈尔曼关于情绪智力的经典模型所包含的基本元素，在大多数相关主题的著作中都能够发现。

1. **自我觉察**

- 了解自己的想法和感受，以及这些想法和感受对他人的影响；
- 准确评估自己的优势和局限性；
- 强烈的自我价值感。

2. **社会觉察**

- 同感共情的能力；
- 组织觉察；
- 认识到内部和外部客户的需求，并努力满足它们。

3. **自我管理**

- 控制潜在的破坏性情绪和冲动的能力；
- 适应能力；
- 成就导向；
- 自我激励；
- 有效的压力管理。

4. 关系管理

- 培养深入、持久和有意义的人际关系的能力；
- 协调他人的能力；
- 清晰沟通的能力；
- 激励他人的能力；
- 影响变革的能力；
- 解决冲突；
- 建设协作型团队；
- 发展他人。

一些高管教练认为情商是教练工作的重点，所以他们会寻求额外的培训和认证，学习使用评估情商的方法。这一课题的流行使得自我评价工具和360度评估工具如雨后春笋般涌现，这些工具能够帮助管理者测量他们自己的情商。它们可以提供丰富、有趣和发人深省的数据，既可以帮助人们提高觉察，也可以带来立竿见影的改变效果。

情商理论所传递的最为积极的信息就是，人的情绪智力是可以开发的。这一发现在近几十年来得到了成千上万的实践者的支持。这些实践者与个人和团队合作，以帮助他们增进觉察，并提高人际关系技巧。

那些专门从事领导力发展和行为研究的人承认情绪智力的重要性，并视之为学习和改变的一个重要载体。瓦西里什指出，高管在改变行为、增加自我理解以及成为更高效的领导者等方面的能力，在很大程度上取决于他们能否在一个或多个层面（自我觉察、自我管理、社会觉察和关系管理）开发自己的情商。

作为情商开发工具的教练

教练是要帮助人们改变的，不管改变的对象是观点、态度还是行为。另外，教练工作还与帮助人们开发情商有关。而且“改变”和“开发情商”通常说的是一回事，因此可以说，改变行为的教练工作与开发情商的教练工作其实是同义词。许多行为改变方面的问题都与自我觉察和社会觉察、自我管理和人际关系技巧密切相关。

情商开发的起点是提高觉察，即帮助客户对自己和他人有更多的觉知。毫无疑问，一对一教练是促进情商开发的一种极好的方式，而且仅靠这一方式，就有可能带来出色的成果。但一对一教练方法也有一个与生俱来的限制，那就是只有两个人在场，这就意味着客户只能从教练那里获取外部反馈。当然了，客户回到工作和生活中以后，还可以补充其他的外部反馈。但在教练对话的此时此地，获取反馈的可能范围已经被预先限定了。

因此，团体情景有很多值得称道的地方，使其可以成为一对一教练方法的补充手段。我个人认为，开发情商最有效的方法是双管齐下：一方面举办一些以体验为重点的工作坊，如果是长期性小组（ongoing group），效果会更佳；另一方面同时实施个人教练（如图4–1所示）。这种做法可以使客户有机会从许多人那里了解到自己对他人产生的影响。此外，它还提供了一个环境，让人们可以练习与他人同频，并对自己的内心世界有更多的体察认识。

对某些客户来说，情商开发中最考验人的部分在于自我管理和社会觉察。不难发现，客户有时会深刻地、甚至尴尬地意识到自己在这些方面的不足。他们知道自己很容易就会失去耐心，动不动就对同事大发雷霆，因此希望能够提高自控力。许多存在这一类问题的人都有着同样的想法：“要是我能早点察觉到迹象，不至陷入恶性循环就好了。”

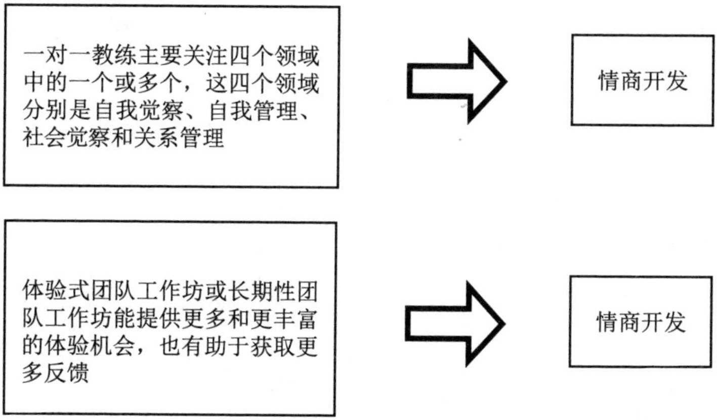

图 4–1　旨在开发情商的教练工作

对一些人来说，共情能力也可能有待提高。他们发现很难对他人身上所发生的事情感同身受，也不能理解他人的强烈感受。用一对一教练来发展共情能力绝非易事，在这种情况下，团体情景也可能会更高效。客户可以努力尝试与他人同频，也能从其他人那里得到反馈，看看在别人心中，自己努力建立的情感联结是不是真诚的。

在强调团体情景的价值时，我们不应忽视一对一情景对许多客户的重要性。一对一情景所能提供的安全、信任和私密性是教练工作方式的重要价值，相比之下，团体情景有可能显得令人生畏，使人产生焦虑情绪。两者结合的方法并不能适用于所有人。

教练本人的情商

到目前为止，情商开发的讨论焦点一直局限在客户方。作为教练，你自己的情商虽然看不见摸不着，但绝不能视其为理所当然的存在。许多咨询顾问、教练、培训师和人力资源专家都对这个话题感兴趣，但这并不意味着他们本身就有高水平的情商。事实上，情况可能恰恰相反。这些从业者之所以对这个主题感兴趣，可能正是因为他们需要开发这项能力。关键的问题在于，他们自己是否意识到了这一点。如果他们没有意识到，就会显得言行不一，而这将不可避免地破坏他们的形象。那些认识到自己身上也存在不足的人，能够分享他们的经验教训，从而让客户更加觉得他们平易近人，也更容易从他们身上学到东西。

此处的重点并不是说教练必须具备模范的、高水平的情商——尽管这的确可能是一个有价值的目标——而是说教练在针对他人开展工作时，也须进行自我完善和自我提高。

培养更深层次的自信和信心

新手教练最经常分享的一个观察就是，在教练工作中，关于自我信念和自信心的问题出现的频率居然如此之高。也许比这更有趣的问题是："这有什么好惊讶的？"毕竟，我们大多数人都很清楚地意识到自己的恐惧、焦虑和自我怀疑，那为什么我们不应该期望在其他人身上也存在同样的情绪呢？我们常常忽视了这个道理，反而假设其他人——尤其是那些非常成功的人——不会像我们一样怀疑自己。

当然，这种自我怀疑可能被很好地掩饰起来。公司高管通常会承受压力，被要求交出亮丽的成绩单，表现出成竹在胸、尽在掌控的姿态。在这种光鲜外表的背后，他们所经历的艰难困苦可能远比他们显露出来的要多得多。这种表演的好处是可以保护他们，帮助他们躲开那些非他们所愿的质疑和关注。不利的一面则是它阻碍了其他人向他们提供支持。

还有关于“投射”（projection）的问题也需要考虑。如果你内心默认处于领导地位的人是特殊的、与众不同的，不会和你一样有着七情六欲，那你就会按照这样的期望去对待他们。你会忽视他们脆弱的一面，想象他们高高在上的样子。你也可能会有点害怕他们，即使你感觉到他们可能在那一刻需要某些东西，你也会止步不前。

身为教练，极其重要的一点就是，不要认为资历和成功就等同于万事自足的状态和无坚不摧的信心。有些看上去在人生各方面都获得了成功的人，仍有可能因缺乏信心而感到困扰。作为一名教练，你可以为这样的客户献上一份非常宝贵的礼物——让他们在与你分享自己的困扰时，不会感到自己被人评头论足。

第 5 章 领导力教练

为未来的领导角色做准备

如今，许多组织对于培养未来的领导者都采取了积极主动的态度，而教练工作正日益被视为这一战略的核心组成部分。在领导力发展项目中，为所有学员提供个人教练已是司空见惯的事。

公司使用高管教练作为其继任规划和人才推进计划的一部分，也成了典型的做法。即使是那些传统上不太重视管理层发展的组织，也往往会选择一些有前途的个人，并为他们配备外部教练，以强化他们在高管发展项目中的学习收获。

那些更注重人才发展的组织则走得更远，其中一些组织会将教练当作领导力开发的主要工具。这些公司有时会为他们所有的高管提供教练服务，然后再依次向下推进到其他的管理层级。

针对未来的领导角色而对管理者实施的教练，可能涉及本书第二部分中任何一个甚至是所有的教练主题，但根据我的经验，其中几个主题最为常见，即影响力技能、战略思维及领导风度。

成为更高效的领导者

> 所有的领导者都认为自己善于识人，或者在管理他人方面很擅长，不信的话，你可以试着给我找出一个反例。但是，有许多人每天埋头做事，既不知道下属的感受，也不知道他们所做的决定对下属的影响。我一直认为自己是一个好的管理者。我让人们参与决策过程，并鼓励他们学习和采取主动，但他们给予我的反馈不够。我真的不知道自己做得怎么样，尤其是在那些为我工作的人眼里。这就是我要为自己找一名高管教练的理由。
>
> 吉姆

至今仍有一些组织以专业技术能力为基础来任命高级领导职务。这种做法并不能保证被提拔的经理会成为优秀的领导者，而且很多人也确实从未达到这种境界。他们没有理解和把握领导的角色，仍然停留在自己的舒适区，埋头于操作性的任务。

那些已经意识到这个问题的公司，现在正不遗余力地招聘有领导能力的人来担任高管职务。它们寻找有远见且能传播自己的远见，并有能力激励他人的人，这样的人真正理解领导者在打造高绩效的组织文化中所扮演的关键角色。

这样的人在成为高管教练的客户后，通常会期待教练能提供一些“额外的东西”，以推动他们前进。这些人通常会表现出对学习的渴望，珍惜直面问题和获得新见解的机会。他们带来的教练议题包括个人、团队和组织层面的战略性问题。他们共同的教练主题通常包括经营业绩、变革管理、组织政治、向上管理和冲突解决等。这些领导者会按照自己的议程推进教练工作，此时教练扮演着战略合作伙伴和参谋进谏的角色。

作为一名教练，你要记住，在客户的职业生涯中，教练活动可能是客户唯一可以袒露自己目前处境的场合。工作中的角色关系可能会阻碍高管分享他们的难题，而教练对话可能是他们仅有的安全私密的空间。

> 一段时间以来，我知道自己需要支持，感觉自己被孤立了。但我太忙了，没有时间去处理这个问题。我要找个可以信任的人交谈——某个我可以与之分享想法的人，而且这个人不能是我的直系亲属。我意识到，在某些时候，当我对自己的处事方式产生怀疑时，我的自信心就会下降。教练让我能够探索和重建信心。仅仅是对此做了一番讨论，就已经让我感觉有所不同。仅靠我自己是无法达到那样的境界的。
>
> 珍妮特

在教练工作关系建立的早期阶段，领导者的脑海中往往会对他们的教练产生有关信任和能力的疑问："教练能理解我和我的世界吗？""教练能应付得了我这样的人吗？""教练能提供我所需要的东西吗？而且退一步来说，我真的知道我在寻找什么吗？"

客户在其领导生涯的不同阶段会带来不同的问题。新任领导者经常纠结于领导力是什么以及他们想成为什么样的领导者。和你的客户一起探讨会很有帮助，因为他们以前可能从未真正深入地考虑过这些问题。从公共领域和客户所在的组织中找出榜样人物，有助于解答以上疑问。指引你的客户去阅读某些关于领导力的著作，可能也会有帮助。有些教练会在手边备一些管理和领导力方面的书籍，以便他们能够针对客户的不同需求提供特定的阅读材料。

对成熟的领导者开展教练所涉及的问题可能会有所不同。新任领导者可能仍然处在刻意为之的阶段，怀疑自己是否真能胜任，纠结于要给人们留下"胜任"的印象。经验丰富的领导者的脑海中可能会有不一样的疑问。对新任领导者开展教练，可能会侧重于帮其建立信心；而有经验的领导者可能会对此感到乏味，或者怀疑自己是否真的对公司产生了影响。

一般来说，处在高管级别的人必须能够应付大量的、快节奏的、复杂的工作。他们早已学会了管理自己那份密密麻麻、令很多人望而生畏的日程表。他们每天早出晚归，工作时还要接收来自四面八方的外界刺激。尽管这无疑会给他们带来重重压力，但也为他们提供了诸如兴奋感和兴趣等价值。长期处在这条快车道上，导致他们必须定期接触一些新鲜事物，并从中获取给养。如果新事物来得慢了，不仅会使他们感到无聊和不安，还会给他们敲响警钟；他们通常能察觉到这些迹象，并对可能出现的情况感到焦虑，要么觉得自己的领地受到了干扰，要么是为老板为了满足自己的行动需求而成立新公司感到焦虑。

对于经验丰富的领导者来说，保持新鲜感和兴奋感无疑是一个重要的命题，同时也是教练工作中反复出现的主题。一些高管会通过寻求新的学习经历（如参加高管发展课程）来充实自己。还有一些人则会在各种国内或国际会议上为自己找一个发声的平台。此外，与同行建立人际关系网络，或者参加战略合作伙伴举办的论坛，也是很受欢迎的活动。

领导者充当教练

当代的领导者越来越认识到，他们的角色包括为自己所带领的高层团队充当教练。有些人走得更远，在自己的组织内部扮演教练工作的发起者、赞助者。当领导者采取偏教练式的领导风格时，这种做法能够让他们释放出新的活力。他们珍惜这种与同事建立更有意义的关系的机会，并通过在员工的个人成长和发展中发挥重要作用而收获快乐。

在初始阶段，领导者有时会没有信心采取教练式风格，他们会担心自己是否具备了相关的技能。因此，他们希望有机会接受一些培训。而这种培训又会使越来越多的人意识到，对于领导力，他们可能最喜欢的是人的发展这一方面。有些人因此变得热情高涨，从而进阶到高级教练发展项目。学成以后，他们再回过头来将所学运用到自己的公司里。其中有些人在退休后成了高管教练。

发展影响力技能

当我必须代表自己的部门发言，而且谈论的是我自己的专业技术知识时，我还是挺有信心的。但当公司内发生争论，或者其他总监谈论他们各自负责的领域时，我一般都不怎么发言。我其实是个很害羞的人，我不喜欢为了说话而说话。也许我低估了自己能做出的贡献。此外，我对挑战他人也不是很有信心，所以我一般会保留自己的看法而不说出来。事实上，我在高层管理会议上并没有太大的影响力，首席执行官常常向我反馈这一问题，他希望我能够更多地参与进来。

保罗

对于新任领导者和那些渴望担任领导职位的人来说，最想要提升的一个方面就是怎样发挥影响力。从教练的角度来看，这是最有趣也是最具挑战性的一项课题。花点时间问问自己，你应该如何与别人合作来改善其影响力技巧，并提高他通过自身领导所带来的影响力？这个问题可能已经开始促使你去思考：是什么决定了个人影响力水平的高低？你认识哪些具备影响力的人？他们是如何获得这样强的影响力的？是与其个性、风格和风度有关吗？哪些事物会对你本人有所影响？你又是如何对他人施加影响的？

对于教练来说，有几种方法可以用来和客户探讨这个话题。第一种就是提出上述的某些问题。让客户理清什么是影响和影响力，可能会有所帮助。他们可能已经收到了一些来自别人的反馈，而这些反馈都是值得探讨的，从中可以得出一些常见的主题和信息。例如，他们是不是太安静了，他们有没有自我贬低？别人是否认为他们好斗，或者自以为是？他们对自己的表现了解多少？有没有什么需要改进的地方？

我们可以从榜样人物那里学到很多东西。让客户从他的组织中找出榜样人物，这个人身上具备他所羡慕的特征，这种做法也许会有帮助。仅仅是明确这些特征本身就蕴含着巨大的价值，可以帮助人们提高觉察力。从这里开始，客户如能花些时间和他们的榜样人物共处，试着了解对方的想法和行为，将会受益匪浅。

教练还可以使用另一种方法，即利用教练和客户之间当下的关系。换句话说，在教练工作关系的存续中，作为教练，你对客户进行反馈，使客户了解他们对你产生的影响，是一种非常直接有力的方法，因为客户可以得到即时反馈，进而了解自己交际和行事的风格特色。

最后一种方法是随身观察法（shadowing）[①]，这是另一种直接而有效的方法，可以针对 客户的影响力和所造成的影响提供及时的反馈。有很多次，我在自己的教练场所为高管提供教练，对他们形成了某种既定的印象，但后来当我在他们的工作场所观察他们时，才发现原来我之前完全忽略了一些关键信息。比如说，起初我可能以为我的客户能够很好地沟通，独处时能感到自在，在高管圈子里也能轻松自如地保持本色。后来我却发现，他们在老板和同事面前的表现明显不同，这令我颇为惊讶。随身观察法提供了一个很好的机会，让我们注意到一个人的影响力在实际工作中的表现。它提供了大量丰富的反馈数据，为试验新行为创造了机会。

更加具有战略性

我一直都知道，在操作执行方面，我的工作做得很好，但

① 随身观察法指的是随身观察并提供反馈，在其他文献中也有译成影子教练的。但是这种方法不仅仅用在教练工作中，咨询顾问也会常常使用，故此还是用更通用的译法“随身观察法”。——译者注

> 在内心深处，我知道我在战略方面总是有困难——主要是因为我不能放手。我觉得我不信任我的团队能交付成果，因此总是试图事事亲力亲为。这既浪费了时间和资源，也让我迷失了重点，因为我把太多注意力花在了不应该做的事情上。
>
> 珍妮弗

一段时间以来，战略思维能力都被视为一种很有价值的能力，但许多资深经理仍然觉得停留在操作层面会更为舒适，并且倾向于过分关注细节，这时常令他们的上司和下属都感到沮丧。

“战略”这个词会让这样的管理者感到害怕。他们私下里担心，有一天他们会暴露自己其实并不清楚这个词到底意味着什么，也不知道该如何去实施。因此，帮助客户学习如何具有战略眼光是教练的一项重要工作。当然，这个说法可能暗示教练本人很懂得战略，但这其实并非必要条件。它也可以是某些高管教练待开发的领域。考虑到这一点，下面要谈的这些观念，既有助于你为那些渴望具有战略眼光的高管客户提供教练，也有助于你自己的学习。

描述战略性思维时经常使用“大局”（bigger picture）一词，但它是什么意思呢？从本质上讲，它是指从细节中跳出来，上升到更宏观的层面，从更广阔的视角来分析问题，其中一个关键点在于从事件中发现模式。侧重于战略的高管会审视他们的商业环境，以识别出本行业或相关行业内的新兴模式。众所周知的 SWOT 分析是一种结构化的方法，常被用于执行这一操作；这个方法将注意力集中在优势、劣势、机会和威胁这几个方面。

那些能够快速解读信号，并且通过早期判断做出有效决策的公司和高管，通常会在博弈中牢牢把握先机，从而避免了落后的风险。那么，人们是如何培养这种能力，以发现重要的趋势并做出成功的回应的呢？

简而言之，战略性眼光就是要向上看和向外看，埋头于事务中是不会有战略性眼光的。所谓向外看可以通过建立社交网络来实现，而这正是人们鼓励高管要多多去做的事情。有些经理似乎天生就擅长此道；另一些人则讨厌这样做。它要求我们克服禁忌和害羞，而这往往是那些性格比较内向的管理者难以做到的。很明显，相比缺乏社交的高管，那些能够建立起广泛而强大的人际关系网的人，肯定会收获更多的环境信息。

那么，高管客户如何开发他们的战略性思维呢？作为教练，这是你要考虑的事情，因为常常会有人向你提出这个问题。一个好的开始是向你的客户提问：在他们的公司中，他们认为谁算得上是有大局思维的人。通常他们都能马上想到一两个名字。进一步的追问将会揭示出，这些人身上有什么共性使他们成为这样的人。然后客户可能会找到这些人，花一些时间与他们相处，了解他们是如何思考和看待这个世界的。

另一个有利于培养战略性思维的学习环境是参与高层会议和战略项目。当这样的机会出现时，客户就需要更积极地参与。而在他们自己领导的团队中，他们还可以让员工参与头脑风暴，或举行更多关于趋势和模式的非正式讨论，这些做法也能让他们学到很多东西。

教练最需要学会的一个工具就是提问的艺术，而对于那些希望学习战略性思维的人来说，这也是无价之宝。高管们可以用自己的团队来练手，向他们提出类似以下的问题。

- 未来一年时间里已经确定的行动计划是什么？
- 我们的商业环境正在发生什么变化？
- 在我们的主要竞争对手正在做的事情中，有哪些事是我们也可以做的？
- 我们取得成功的基本要素是什么？
- 哪一件事最能推动公司整体的前进？
- 为了在未来保持领先，我们现在应该做些什么？

以上所述只是其中几个用以提高战略性思维能力的方法。只要你能帮助高管客户在战略性思维方面取得重大进步，他们就会普遍认为战略性思维有着很高的附加值。

打造高绩效的团队和组织

有幸领导一个高绩效的高管团队和组织，是许多 CEO 和总经理的愿望。他们经常利用他们的教练对话来探讨如何实现这个目标。对于许多教练来说，这个议题可能既吸引人又容易出错。如果教练本人曾是一名高管，那他当年可能也有过同样的抱负。所以也许他会试图利用自己的客户来实现自己未酬的壮志。同样地，担任过人力资源总监、管理培训师和 OD 顾问的教练可能会发现，自己对客户努力要达成的结果投入了极大的热情。所有这些都有其积极的一面，它可以让教练变得非常投入，动力十足。但其危险在于，教练可能会抵挡不住诱惑，扮演起专家的角色，开始就如何发展团队或改变组织发表自己的观点。

一些客户也许渴望听到教练的建议，并乐于将重点转移到咨询式的谈话上。高管们往往是实用主义者，如果能从教练那里得到一些有用的想法，大多数人都会愿意接受。就像有时教练对话会转向心理咨询一样（比如当个人问题占主导地位的时候），也的确存在着一些其他情形，是可以自由地提供咨询建议的。因此，要警惕这种情况在教练过程中占的比重太大、发生得太频繁，以及它对教练过程的影响。

大多数高管都渴望拥有一个高绩效团队，但很少有人能有幸领导这样的团队。与其说这反映出他们自身的团队领导力不够强（虽然这也始终会是一个影响因素），不如说这样的团队在组织的高层中本就十分稀少。因为个人问责制往往高于集体问责制，我们常常难以说服团队成员去勇于信任彼此和敞开心扉，让他们相信冒这个险是值得的。

如何打造高绩效团队的议题之所以会吸引教练如此投入，还有一个更有力的原因是，他们可能认为教练工作本身就是实现高绩效的一个强大而有效的途径。现在，许多公司都认同这一观点，并开始实施建设教练文化的计划。这种形式的组织层面干预措施是否能满足人们寄予其上的高期望值呢？我们暂时还没有看到足以证明这种观点的研究成果出现。

对这个话题保持相对中立，尽量公正客观地发言，是很考验人的。因为那些拥有强大的组织变革发展背景的教练有许多东西可供分享，而客户则可能会对此趋之若鹜。

第 6 章 意义建构教练

教练的主题与人生的各个阶段有着千丝万缕的联系。在 20 岁、40 岁和 60 岁时，我们在情感和人生两方面所面临的任务和挑战会有很大不同。在职业生涯的早期阶段，我们大多数人关心的是登上晋升的阶梯，然后顺着梯子不断往上爬。我们渴望学好自己的那一门手艺，并在工作中表现出色，以便给他人留下良好的印象。当然，工作之外还有很多其他重要的事情，尤其是我们的人际关系。到了职业生涯的中期，随着我们的事业进步和年龄增长，新的职业目标经常会取代最初的目标。我们开始问自己究竟能走多远，又想去哪里。到了职业生涯的第三阶段，也就是晚期，这些疑问通常会再一次改变，此时我们会更多地关注自己是否从工作中获得了满足感和成就感。

高管教练的工作对象通常是处于职业生涯早期和中期的人。客户通常在 35 岁 ~ 60 岁之间。因此，有些客户会更关心自己的职业生涯发展，而另一些人则可能会回顾过去，重新评估，考虑是否要退休或转做顾问。因此，教练的议题通常是随着职业生涯的不同阶段而变化的。

这并不是说只有当发际线开始后退或者头发开始变白时，关于满足感和贡献的那些疑问才会出现。许多更年轻的高管，只有 30 多岁或

40 多岁，就已制订了周密的计划，打算在 50 岁到来时甚至更早的时候离开职场。他们中的一部分人已经挣到了可观的薪水和奖金，这使得 45 岁退休对他们而言完全可行。

关于意义建构的议题

很多议题会促使我们产生“使工作和生活变得更有意义和价值”的需求。那些属于个人生活的内容不在本书讨论的范围内，但必须注意到，客户会提到它们。与工作环境更直接相关的议题通常包括贡献、价值观、完整性、工作与生活平衡、健康、满意度，以及想要尝试新鲜事物的愿望。

高管提出这类问题的原因不止一个，可能只是出于一种略带好奇的生活态度，也有可能是他们目前正身陷严重危机。客户可能意识到，他们为了高管生涯而付出的代价正在日渐高昂，他们必须对此予以关注。他们会诉说留给自己以及家人的时间是如何地少，他们往往能敏锐地意识到，高管工作不仅使自己牺牲了很多本该花在重要人际关系上的时间，而且从长远来看对自己的健康也有害。但是，在他们看来，这仍然是一个可以留待以后考虑的问题。尽管他们感觉到了被文火慢烤的灼热，但还可以忍受。他们也承认，这就像交学费一样，是为了未来生活有经济保障所要承担的代价。

相比之下，另一些高管的情况则要严重得多。这些人现在正经历着“工作的意义何在”这一重大危机。这可能是由于职业脱轨导致的，比如丢掉工作或多次失去升职机会。这些情况不可避免地给他们带来了一连串的问题，他们开始质疑以前的同事关系，质疑他们是否真的受到了重视，并怀疑自己是否受到了蒙蔽。

一种可能导致意义危机的最严重、最令人不安的情况，是与上司之间长期建立起来的关系变质了。而故事的全貌偏偏很难完整呈现出来，个体因此感到更加受伤、悲痛和困惑。他们根本弄不清到底哪里出了问题。

工作与生活的平衡

对于大多数人来说，工作与生活难以平衡是他们生活中一个无法逃避的事实。通常，高管们将其视为交易的一部分。他们非常清楚自己被“压迫”得有点狠，但也接受了这种取舍。有些人勇敢地尝试在合理的时间下班回家，并试图让身边更多的同事向自己看齐；而更多的人则忍受着超长的工作时间和巨大的工作量。

有一名最近离开了组织的高管客户苦笑着对我说：“好消息是，我终于可以有时间来陪伴家人了。这些年来，我的生活被牺牲了不少。我都不知道家里人还能不能认出我来。”还有一位客户是一名有着强烈职业抱负的总经理，他在教练活动一开始时就说：“我的生活中有三件事要优先考虑——工作、高尔夫球和家庭。这就是它们目前的排序。”你可能会有兴趣知道，在教练工作结束时，这个排名已经变了。在一次高级团队发展的工作坊中，他向同事们反思了之前对我说过的那一番话，并且说“现在的排序变成了家庭、工作、高尔夫球”。同事们听到他这样说都很高兴，但仍对此抱有一丝怀疑。

教练对话经常聚焦在“如何在工作和生活之间创造出更好的平衡”这个问题上。从改变的角度来看，客户通常处于普罗查斯卡所定义的改变过程中的思考阶段。目前的状况可能让他们牢骚不断，但他们还没有准备好做出必要的改变，迎接新的状态。通过你自己的相同遭遇，你往往就能感同身受。

贡献

在大多数人的生活中，到了某些时刻，“做贡献”这个问题会自然而然地浮出水面。我们可能一直忙于成家立业，为晚年的经济保障奔波劳碌，现在却发现一个新的问题占据了我们的脑海。这个问题可能表现为以下不同形式：

- 我回馈了什么？
- 我对这个世界有什么贡献？
- 我怎么才能把所得到的某些东西再回馈到合适的地方？
- 我怎么才能运用我自己的时间和经验来帮助他人？

以上这些是我们许多人都面临的有关“存在感”的问题。它们通常围绕着我们的人生目标和我们留下的价值而展开。在对那些刚刚到达人生中点或已经进入人生后半程的人开展教练时，这些主题和提问会很常见，它们都与寻找意义有关。

整合

为了在事业上取得成功，我们可能会认为自己的某些方面可能要退居二线，甚至完全隐藏起来。年轻的时候，我们缺乏生活阅历，不知道在工作环境中什么会被接受，什么不会被接受。例如，我们可能会推测，为了显得更专业，我们必须削去自己身上创造性和野性的一面。我们可能会有意识地投射出自己个性中的某些方面，同时拒绝或否认其他方面。

这是完全可以理解的，因为没有人的手头会有一本规范手册，其中包含一章名为“工作中你可以如何表现”的内容。每个人都要找到属于自己的那条路。有些人很幸运，他们的上级经理和团队同事鼓励他们做自己就好。大多数人会仔细揣摩什么看起来是可以接受的，然后做出相应的调整。这些适应可能是有效的，有助于他们学会妥协并融入企业生活，但时间长了，它们也可能会把人压得变了形。

于是，那个最重大、最具挑战性的存在问题就出现了——我是谁？我是否就是我在企业中的身份？还是远不止这些？

有些（尽管不是全部）客户会把这些疑问带到他们的教练对话中。他们试图了解领导角色施加在自己身上的影响，重新发现自己是谁，以及他们想从生活中得到什么。这个过程总是涉及找回自我中被搁置的方面。

在心理学思想发展史上，埃里克森（Erikson）曾做出过巨大的贡献，他将人生分为八个阶段，每个阶段都包含了特定的来自心理、社会和发展方面的挑战。其中最后一个阶段是“成年后期”，指的是人们逐步迈向退休及退休后的生活，这个阶段的特点是自我完善与悲观绝望之间的冲突。如果我们能够从生活和工作中找到个人的意义和满足感，那么自我完善的感觉就会占上风。如果我们做不到，反而认为工作和生活是不满意的，那么我们就可能会感到绝望。

看起来，我们好像越过了教练的边界，进入了治疗的领域。然而，这些都是处于人生后半段的人会普遍遇到的问题。教练要意识到，有时他们的客户就是想要讨论这些话题。此时，教练不需要认为自己必须去帮他们“修补”或解决任何问题。归根结底，教练又怎么可能做到呢？教练所能做的是提醒客户去关注他们已取得的成就和拥有的内在美德。教练也可以帮助他们的客户找到自我中被否定的那部分，让自己变得更加完整。如果仅靠教练工作无法带来这种更深层次的整合过程，就要转介心理咨询师去处理。这种情况可能会不时发生，但大多数客户的情况比较简单，他们只是想抓住这个机会来表达他们对职业生涯意义的看法和疑问而已。

本章小结

经验丰富的高管教练都非常清楚，围绕类似于前述的那些意义建构的问题进行教练对话，可以带来一系列的成果。很多时候，它们能给客户带来使命感、清晰感以及对其成就和价值的正面认可。在少数情况下，这种清晰感更多地反映为客户判断当前的工作环境不再适合他们。教练工作过程给予了客户一个反思的空间，而结果就是他们决定离开。

当教练活动由组织赞助时（高管教练通常如此），就会带来一个棘手的问题。然而，教练活动的大多数组织赞助者都能理解这种风险，而且许多教练也会确保自己在签约阶段就预先提示过这种可能性。通常情况下，强扭的瓜不甜，如果高管客户与公司的价值观或发展方向到了极度不一致的地步，那么，以友好分手作为最终的结局，其实是符合双方的最佳利益的。

Psychological Dimensions of Executive Coaching

第三部分

教练心理方法基础

第 7 章　教练对话的关键层面

一场教练对话包括以下四个关键层面：

- 客户讲述的故事；
- 认知层面——客户的思考过程；
- 情感层面——客户的情绪感受；
- 教练对自我的运用。

第 1 层面：客户讲述的故事

回顾我自己多年来的教练经验，再加上数百小时对教练培训练习的观察，我发现客户总是会有一个故事想要诉说。这个故事也许只是某个绩效表现问题的背景，也可能是客户认为你必须先了解才能帮得上忙的某个错综复杂的故事。有经验的教练倾向于对“讲故事”这件事情进行把控，因为他们知道他们需要掌握的事实比客户认为的要少。缺乏经验的教练则可能会陷入这样的陷阱，误以为他们必须了解故事的方方面面，有时还担心自己会错过其中的一些细节。对于雄心勃勃的教练而言，学会跟踪问题的技巧固然很重要，但要避免被故事带着跑和催眠。教练还可能会陷入其他一些自我干扰中，比如急着要问出好问题，想让整个对话过程保持良好的节奏。这可能会导致一种危险，即教练忙于在心中预演下一个问题，而没有去认真倾听对方正在说什么。

好的教练工作是一段对话，而不是一问一答的面试，其节奏更为宽松和灵活。这就要求教练要放松，不要总是企图控制对话的走向，而是更多地针对当前所涌现出的需求和情况来开展工作。随机应变的过程在一定程度上意味着你要留心客户（或者更准确地说，是客户与你之间的对话）施加在你身上的影响，这里就需要将所谓的“运用自我”作为改变的工具。

客户所说故事的重要性

虽然你应该尽量避免迷失在客户述说的故事中，但仍须谨记，这个故事对客户来说是多么重要，当客户由于其领导身份而无法在工作中与其他人分享难题时，尤其如此。还有一些客户可能在家里遇到了无法忍受的情况，或者在工作中遇到了无法在其他地方得到解决的问题，这些问题可能已经分解成了多个问题，无法谈及，也无法处理，不断吞噬着客户的精力，又让他们看不到出路。

有机会在教练的关注下把问题说出来，这本身就可以算作一种治疗，它满足了被倾听的深层心理需求。亲耳听到自己的故事，也能让客户从不同的角度看待他们自己的问题。

很多人都渴望找到一个能倾听他们心声的人，好把堵在心里的事情一吐为快。作为一名教练，你永远不应该低估“充分倾听”这件事所能起到的作用。如果你能不加评判地倾听，效果还会更好。只有在与一个愿意倾听的人分享自己的经历后，客户才会意识到自己所承受的压力到底有多大。

多年的教练和心理咨询经验表明，“被人充分倾听”不仅有治疗的价值。人们常常通过这个过程就能解决他们的麻烦、问题和冲突，无须采用太多的干预措施。这就是“以来访者为中心”理念的基础。

> 教练的大部分职责是倾听和反映，而不是试图回答那些他们没有资格回答的问题。我的教练很能理解我，这源于他在企业中的工作经历。此外，他也很了解人心，能知道问题出在哪里。对他来说，直接跳到他认定的核心问题上，肯定是一种很有诱惑力的选择。但他知道，对我来说，重要的是我自己能够认识到核心问题，并找到解决办法，把事情向前推进。我也逐渐明白了这一点。在大多数情况下，我已经做到了这一点。
>
> 吉姆

只针对客户所说的故事开展工作是危险的

在故事的层面开展工作，常常就已经足够了。然而，有时候这远远不够。当客户讲故事的时候，他们可能发现自己只是在重复脑海中曾有过的想法，或者之前说过的话，这会使他们产生一种停滞不前或陷入僵局的感觉。客户也许对自己来来回回地诉说同一件事感到厌烦，也可能会觉得教练的倾听和支持只是聊胜于无。在这种情况下，就需要有一些其他事情发生。如果没有，客户就会对教练过程丧失兴趣。他们可能会说，聊得很好，教练很友善，很支持他们，很有同理心，但事实上，教练对话并没有解决重要的问题，甚至连哪些是重要问题都没能确定。

专注于故事的另一个危险是，你可能会陷入其中，失去自己的视角。更糟糕的是，如果故事情节是负面的，客户对改善或改变他们的处境不抱乐观态度，那么你可能会被拖入绝望的深渊，并产生以下几种反应：渴望解决问题，在事情不明了之前就迫不及待地想要结果，或者是一种无能为力的感觉。

当你真的有了这样的感受时，你可能已经失去了自己的立场，并感觉到经历了一段时间的折磨。有趣的是，这种状态其实是很有用的，尽管它很少能让你产生这样的感觉。有时，得到解决问题的答案就是要利用这些体验，利用你内心的这些思考过程，作为数据和干预措施的来源——这就是我们说的“运用自我”。

但是，在探索这个话题之前，要知道教练过程还存在着两个可以使教练超越客户所说的故事的层面。它们分别是客户的认知和情感过程——客户如何构建自己对世界的看法，以及他们对此的感受。

超越故事的层面

针对客户的思维过程开展工作，就意味着要审视他们的思维方式，尤其是当这种思维方式可能会限制他们的幸福感、成就感和成功时。佩尔蒂埃提出了一个重要的观点，他说：“如果你的想法很糟糕，那教练可以（也应该）告诉你，而其他人则很少能做到这一点。你的配偶不能，你的同事不能，你的老板也不能。”

然而，这也引发了一些令人不安的问题，比如：什么才算是错误的思维？谁来评判？这是要把教练置于仲裁者角色，由教练来判断何为合理或不合理的想法吗？

显然不是这样的。教练永远要明白，把自己的世界观、价值观和判断强加给客户是危险的。教练的任务不是判断是非对错，而是向客户真实地反映，让他们看清楚自己是如何看待和体会自身处境的。这为客户创造了机会，让他们得以更清晰地评估自己的思考质量。最终，选择和决策的责任必须落在客户的肩膀上。这里说的选择和决策，不光是自己决定做出什么行动（或不行动），也包括对此赋予怎样的意义。客户常常知道，他们自己的思维模式可能就是问题的根源。下面引用几个客户的观点，也许有助于说明这一点。

> 我得到很多反馈说我太散漫了。作为一名管理者，我必须更加直言不讳，敢于挑战他人，因为我目前的表现不尽如人意。但我真的不喜欢冲突。我一直努力做个"好好先生"，因为我认为挑战他人将不可避免地导致冲突。其实我的内心知道，即使我提出挑战，也未必会遭人讨厌。但那是我的恐惧之处，所以我会尽力回避它。
>
> 丹尼

> 当我认为世界充满威胁时（这是我通常的看法），我就会进入"战斗"模式。然后我就难免会和某个人发生一场争斗，而这个人通常会是我的上司。这种情况经常发生在我认为某件事不公平的时候。然后我就会对自己说，必须有人站出来捍卫正义，"我不入地狱谁入地狱"。我认为，除非我鲜明地表达立场，

否则就不够真诚。后来，我常常发现自己把某件事做得太过火了，事情其实并没有我一开始设想的那么严重。但是太晚了，伤害已经造成了。我真的有必要在行动之前早点理清自己的思路。这一切都太累人了。

莎拉

我觉得我必须一直成功，所以我做起事来不知疲倦、不计成本。我意识到，在所有这一切的背后，是我的一个核心信念，那就是人们不会记得你的过去，只会用你最近的成败来论英雄。虽然我知道实际上人们对我的评价已经很高了，但我仍然常常感到不安。其他人只要知道我的想法，就很可能会劝我要冷静下来，要放松。如果是我的员工来劝我，我也还是会听的。

巴里

第 2 层面：认知层面——客户的思考过程

我们都以自己的方式来看待这个世界。有多少次当我们谈论的只是我们自己对现实的看法时，口中用的却是“现实是……”这样的表达。这样一来，当别人的行动不符合我们的预期时，我们就会感到震惊、沮丧、困惑或愤怒。尽管生活经验已经一再向我们证明，我们也会跟别人一样出错，但还是难免会显得自以为是。

如何挑战想法

毫无疑问，挑战客户的思维给他们带来的感觉很可能像是批评或攻击，尤其是当表达方式不恰当的时候。如果挑战他人的思维是为了达到预期的效果，而不是为了将他推进防备状态，就必须深思熟虑和讲究技巧。这就是为什么衡量客户接受挑战的意愿和耐性是如此重要。有些客户期望接受挑战，甚至要求你挑战他们，另一些人则可能认为这是不礼貌的，甚至是无法容忍的。

感兴趣和好奇的姿态是一个好的起点。换句话说，就是以一个旁观者的立场，试图更多地理解客户如何以自己独特的方式看待这个世界。这样做的意图并不是要改变客户——因为这样做肯定会产生阻力，或只能带来表面的顺从——它更多的是出于真诚的探索精神。

作为一名教练，如果你过分执着于要达成某个特定的成果或结局，那么你可能会面临“过于强势带领”的危险，而这肯定会被你的客户所察觉。你的职责是通过提高客户的自我觉察，来让他们对自己的内心过程产生更强烈的兴趣和好奇心。这里的目标是，通过充当他们的“回声板”，来鼓励他们更好地看见和听见自己。

回到抵触的问题上，如果我们能承认所谓的“错误的思想”既有消极方面也有积极方面，通常效果反而会更好。忙于处理员工的各种问题可能会令管理者感到不堪重负，但这往往也有积极的一面——他们的员工会觉得自己受到了悉心的照顾和真诚的帮助，从而对管理者产生非常积极的印象。但另一方面，这也会影响到管理者改变行为的尝试，因为停留在当前的模式里看上去是有好处的，至少能落个好名声。

练出心理“肌肉”

凯根（Kegan）于1994年出版了一本书，名叫《人生艰难：现代生活的精神需求》（*In Over Our Heads – The Mental Demands of Modern Life*）。对于如何在认知层面开展工作，这本书做出了巨大的贡献。对于教练来说，其理论的独到之处在于：如果人们能够退后一步，反思某件事——它过去在潜意识中被认为理所当然，而现在却以某种新的方式重新进入意识层面，允许我们对此做出新的决定——转变就会由此而来。在凯根看来，这要求人们从他所谓的“主体”（subject）状态过渡到“客体”（object）状态。所谓“主体”状态，指的是人们对事物的体验是简单直接、不经思索的，因为这正是他们看待生活的透镜。这些事物理所当然地被认为是真实的——它们就是我们眼中的现实。

另一方面，所谓“客体”状态，指的是对事物有了更充分的觉察，从而可以使用一种新的方式去发现、思考、质疑和行动。这使得个体能够更加客观地鉴别自己的信念、假设、关系问题以及个性的方方面面。

简的故事就是一个由“主体”转变到“客体”的例子。从小到大，简的家人都期望并积极鼓励她的兄弟去上大学，去追求自己的事业，却总是告诉作为女孩的她“只要尽力就好了，反正你总能找到一份秘书工作的”。这样的信息给简造成了深刻而持久的影响，以至于她甚至从不认为自己有能力胜任管理岗位。对她而言，这是毋庸置疑的现实。后来，当她有机会走上个人发展的道路时，她发现以前从未意识到自己原来是用这样的方式来看待生活的。她震惊于自己如何接受了他人一系列的期望，并活成了那个样子。接下来，她必须做出决定，是继续当一名秘书，还是努力争取晋升，并谋求长久的职业生涯。真正重要的是，她终于感觉到她在为自己的人生做决定了。

所谓的个人成长和发展，其实就是越来越多地从“主体”转向“客体”。随着这样的转变越来越多，我们应对复杂性与变化的能力也越来越强。我们可以发现和反思更多的事情，也能对更多的事情负起责任和采取行动。凯根将此称为练出更强大的“心理肌肉”。在一个日益复杂多变的世界中，这可以被视为高管教练的一个重要目标。

与教练的相关性

高管和资深经理普遍都会不假思索地假设，他们的世界观是正确的，而且能得到大部分人的认同。这一点常常可以通过那些失败的变革管理方案暴露出来——它们遭到了抵制者的顽强反抗，从而折戟沉沙。如果从所谓的“变革抵制者”的视角来看，他们对现实的看法与管理者完全不同。

而在个人层面上，这种情况可能会出现在一些促进个人发展的方法中，比如说在360度反馈里，管理者对自己的看法与周围人对他的看法形成强烈对比。在这种情况下，收到反馈的人可能没有准备好接受或根本无法接受来自同事的信息，因为这些信息不符合他们的自我评价。

相反，这类方法可以帮助一个人获得新的视角，尽管它可能难以持久，除非能得到足够有效的支持和挑战才能维持下去。最初，一个人可能会敞开心扉去听别人说了什么，与那些自己不认同的观点抗争，并从中获得新的见解，做出决定去解决自己有待发展的问题。然而，如果他们没有操练出那块“心理肌肉”，他们就会倾向于退回到之前所持有的信念和假设中去。而且，这样做还会进一步在其他人身上唤起和诱发同样的反应。

对于教练来说，这传递了一些明确的信息。首先，人们在觉察到某件事物之前是不会改变它的，也就是说，他们要从身处其中浑然不觉变为能够察觉并理解这件事物。这就是从“主体”到“客体”的转变。因此，作为教练，你的关键职责之一就是引导客户提高对自己和世界的认知觉察。

除此之外，还有一项有点令人生畏的任务，那就是要对抗那些固有的观点和假设，以便为客户的个人思维方式注入更大的灵活性和创造性。这不仅要有勇气，还要有技巧和理解力，这种思维拓展也是许多高管希望能从他们的教练那里获取的东西。教练如果决定在这方面更好地发挥作用，需要做两件事。

首先，你需要更多地了解，帮助别人放弃一些假设和信念——很可能正是这些假设和信念促成了他们今天的成就——究竟会涉及怎样的工作。

其次，你可能要回顾你的本心，问问自己：提高对客户的挑战水平会让自己不舒服吗？有些教练对此很警惕，担心他们的客户会拒绝接受他们的挑战，采取防备态度。他们还担心这样做会削弱与客户之间的信任与和谐。而危险在于，如果你过于保守，扮演过度支持的角色，并避免冒险，那你就会失去帮助客户获得新的洞察和成长的机会。

有时候，整个教练过程中最重要的学习，就产生于你在一些重要的事情上冒险向客户发起挑战的那一刻。事后（也许是到了你们合作的尾声）当你回顾反思时，可能正是这些关键的时刻，带来了变革性的关键体验。

第 3 层面：情感层面——客户的情绪感受

当客户谈到与他们有关的关键问题时，总是会产生相应的情感。教练有时会忽略这个层面，或者拿不定主意是否要进入。一方面，关于情绪感受的工作看起来更像心理咨询或治疗，许多教练搞不清楚它与教练工作的界限在哪里。对一些教练来说，还有着比这更私人的、不进入情感层面的原因——他们本人对情绪表达感到不自在，并有意关闭这个闸门。

促进情绪表达

在教练情景中，促进情绪表达在某些情况下是完全合适的。有时候，为了让客户摆脱困境，继续前进，情绪表达就是当务之急，它能带来突破性的效果。不管你对此有何想法和感受，客户都会不时地将他们的情绪带到教练对话当中。如果客户来参加对话时正好身处职业焦虑或职业脱轨等危机中，肯定会发生这种情况。

这种情况在有关自信和自尊问题的教练对话中更常见，这类对话通常会导致客户对自己过于苛责。在组织生活中，强烈的情绪感受（如恐惧、愤怒、失望、受伤和挫败感等）是司空见惯的，管理者经常把这些情绪带到他们的教练对话中。认识到这些感受，并有机会表达出来，对客户来说非常重要，尤其是对于那些通常把事情憋在心里或没有其他足够安全的地方一吐为快的人。

然而，这里要说的是，不要刻意去“猎捕”情绪。当情绪感受自然流露出来时，只要你允许和支持它们释放出来，就已经足够了。

值得注意的是，如果每次教练对话都被强烈的情感宣泄所主导，那么这就是一个信号，表明客户的需求更适合于心理咨询，也许有必要讨论短期内将其转介去心理咨询师或治疗师那里问诊的可能性。

第 4 层面：教练对自我的运用

到目前为止，尽管教练方面的文献中很少探讨这个话题，但我认为，对自我的运用乃是唯一的、最高层次的教练技能。这是好的教练工作和卓越的教练工作之间的关键区别。“运用自我”是一个难以捉摸的概念，往往很难与学生甚至是更有经验的教练沟通明白，但事实上，对于任何教练专业人士而言，它都是力量和智慧的关键所在。为什么它会如此难以捉摸，如此难以提炼成几条简明易懂的语句？这可能是因为我们身处语言能够描述的领域，能够清楚地说出自己知道的东西，因此，当那些直觉瞬间到来时，我们仍然会尝试用语言去描述。可惜的是，这些直觉瞬间往往是这样的：你隐约觉得自己知道了一些东西，但又恍惚缥缈、难以言状。我们都曾经历过这样的时刻，尽管我们可能不太确定这种瞬间的感受，犹豫着要不要表达出来。也许到了后来，我们会对自己说：“我就知道有什么事。我当时隐约察觉到了……我真希望我当时能开口说点什么。”在这种情况下，你可能只是觉得无法描述自己内心的体验，所以怅然若失，张口而忘言。有的时候，你可能会把想法用语言表达出来，但是感觉表达方式很笨拙，不知怎么的，仍然是词不达意，觉得不太对劲。还有的时候，你可能会因为自己的行为反应而深感自己是如此无力，就像下面这则案例中的教练一样。这位教练当时正在参加高级教练培训课程，她描述了她的某次课堂演练。

当我得知我的教练对象是戴夫时，我的心一下子沉了下来！我在社交场合跟他闲聊过，还观察过他在另一场教练对话演练中的情景，我觉得我只有很小的机会或者根本就没有机会突破他的防线。我知道我必须非常努力才能从教练对话中有所收获，而且我一直在担心对话的走向——对于一场教练对话而言，这可不是一个好的开端！我的恐惧随后变成了现实。在教练对话过程中，我们彼此在出言试探——我试图让戴夫敞开心扉，而他却阻止了我的每一个行动。教练对话结束时，我感觉到，戴夫基本上不太可能在工作与生活平衡方面做出任何改变。我对此感到沮丧。

后来，在我就这次演练接受反馈时，我才意识到，当我向戴夫发起挑战时，其实我内心觉得这样做是不对的。我的感觉就像回到了学校，告诉我的老师他错了——而这是一件很少人会去做的事。但是，在当时的那个情景中，我是一个成熟、自信、专业的人，而这样的人在日常工作中，是不会容忍自己当面提出的问题得不到回应的。我意识到了戴夫对我的影响，这让我恍然大悟——如果当时我能够告诉戴夫他对我造成了何种影响，会是一件多么有价值的事，以及在那种情况下，“运用自我”会是多么有力的工具。我对整场对话的感觉是，如果他对我都能造成这种影响，那么不难想象他对那些比我更不成熟、

> 更不自信的人又会造成什么样的影响。如果当时我能够说出我的感受，或许戴夫就能开始有所领悟！这对我而言是一次难忘的对话，也是一次宝贵的学习体验，有助于我未来要做的教练对话。

这里的学习要点是，当下发生在教练工作关系中的动态，可能是一个镜像。它恰好映射出了客户在其职场关系中的经历，而他们自己对此可能是毫无觉察的。

对教练来说，关键的问题是，是否使用、如何使用以及何时使用这些内部数据。如果能在恰当的时机巧妙地传达出来，那么它们可能会成为所有教练工作互动中最为深刻的洞见。

身为教练，你可能对自己造成干扰的一种情况是，你并不清楚你是否过多地在谈论自己，而没有充分关注客户。你有没有可能是在霸占客户的议程，而不是提供有价值的帮助？要想对自己的内设雷达有信心，你必须首先对自己的个人素质、行为模式和问题有高度的认识。这就是为什么个人发展在教练的成长中占据了如此重要的地位。举例来说，只有了解了你自己对权威的典型反应是挑战、服从还是回避，你才能意识到此时此刻你的反应是不是更多地与你自己有关，而不是与你的客户有关。“将自我作为一种工具来运用”是一个复杂而迷人的领域，也是本书会持续加以探讨的主题。

本章小结

对于客户来说，教练空间通常是一个思考空间。这个时候应该反思，让问题变得更清楚，从而做出决定，并采取更有效的行动。对某些客户而言，这可能是一个可以让他们说出自己的故事的时机（甚至也许是唯一的时机）；他们可以表达自己的担忧，而不用担心遭到评判和批评。它也可以是一个庆祝成功的时机，让别人承认和认可自己那些来之不易的成就。

对于教练来说，在这四个层面——客户讲述的故事、客户的思考过程、客户的情绪感受以及教练对自我的运用——都要具备开展工作的能力，无疑是一个颇具挑战性的命题。如果你是一名新手教练，那么这个目标听上去似乎遥不可及。即使是经验丰富的教练也常常难以超越故事情节，并做到高威所说的“窃取”一个人的思考和感受过程。要想做到以上这些，并熟练运用自我，就必须进行大量练习和自我审视，还要准确把握时机。

如果你尚在故事层面磨炼技艺而没能进展到下一个层面，也不必担心。客户被倾听和接纳的过程就使他们如同沐浴在阳光下。从客户的角度来看，教练工作的一个重要方面，就是让他们感受到自己被尊重、理解和认可。

第8章 心理感受性是心理工作能力的基石

心理感受性

无论你将高管教练定义为主要与学习有关还是与改变有关，或者认为这两者其实就是一回事，我的观点都是，教练要具备一定程度的心理学技巧和心理工作能力，以有效地应对他们可能会遇到的各种任务。这种能力的基石就是心理感受性。

作为一个术语，心理感受性并非出自教练领域。就像教练使用的很多概念是从其他领域借鉴而来的一样，心理感受性这个概念来自心理治疗领域。它首次出现在李（Lee）2003年出版的一本关于领导力教练的书中。现在，人们为了描述高管教练的高级能力类别，也越来越多地用到了这一概念。目前正日益得到教练服务购买者认同的一种观点是，除了商业知识和优秀的教练能力之外，心理感受性也是高管教练必须具备的一种至关重要的能力。严格来说，心理感受性这个词的意思尚不精确，更有用的做法是将其视为一个概括性的概念，即人们反思自己、他人以及人际关系的能力。它根植于对人的行为方式及其原因的好奇心。此外，它还关乎我们的另一种能力，即立足于现在而回顾过去，并将当前的问题与以前发生过的事情联系起来。

从本质上说，它意味着更深入地思考行为、思想和感情的来源和意义。然而，要注意的是，对人和关系的强烈好奇心，并不等同于对人的自我和心理过程的过分沉迷，这两者之间存在着显著的区别。后者不仅对教练工作没有帮助，而且会使许多高管客户敬而远之，他们可能会将这种行为解读为钻牛角尖。

作为教练和顾问的培训师，我认为，在构建心理工作能力的问题上，首要目标就是帮助培养他们的心理感受性。新手教练往往在这个重要的基石还没有打好时，就急切地想要学习技巧和技术。如果这块基石还没立稳，那么你与客户的合作有可能只能停留在解决问题的层面上；或者更糟糕的情况是，你在不够老练的情况下，就用那些潜力巨大的技术和工具，揭开一些根深蒂固的问题，这是很有风险的。

一些正在接受培训的教练可能会急于求成，迫不及待地寻求那些能够用在客户身上的流程方法。他们也承认，心理感受性意味着对自我更深刻的反思，但由于害怕自己身上的某些东西被暴露出来，他们抗拒走上个人成长的道路。这种情况完全可以理解，也不足为奇。许多进入教练行业的人并没有尝试过深入的个人发展过程，比如进行心理治疗和心理咨询等。在他们的想象中，如果自己苦心掩盖的一些个人资料暴露在光天化日之下，只会使他们手足无措、无法承受。

当今的高管教练中有一代新人，他们将商业咨询背景与心理治疗方面的培训和实践结合起来，李本人就是其中一位。他论述了教练在商业意识和教练工作技能以外，还有必要拥有心理感受性的理由。他的观点是："我们经常会遇到这样的教练，他们在一到两种能力上有特长，但在另一种能力上有缺陷，这就造成了他们教练风格的不平衡。"他接着指出了一种重要的现象，即拥有强大的心理学背景，但缺乏商业知识和商业意识的教练往往会把教练工作变成心理治疗。相反，有商业背景的教练如果缺乏心理感受性，则可能无法处理个人问题，而过于注重技能的获得和问题的解决。

对某些教练来说，从体验中退出来，更多地关注自己的内在过程，并暂时搁置对他人体验的评判，可能是一个艰巨的挑战。相反，他们可能倾向于被客户的故事或议题牵着鼻子走，并且提出不成熟的解决方案，因为他们自己是如此急切地想要提供帮助，以推动事情的进展。

之后，当这些教练在督导场合反思教练工作的情形时，他们可能才会意识到这一点。他们可能会得出这样的结论：自己过分投入，失去了观察的视角，或者只能束手无策，不知该如何前进。为了减轻自身的焦虑或不安，这些教练过早地提供实际的建议，从而关闭了客户对这个问题的探索机会。结果就是，教练本人阻止了其客户前往他们必须要去的地方。

当教练对这样的动态有了一定的了解，并意识到作为教练，是如何有意无意地影响到整场对话时，积极的一面就开始萌生了。这种直面和坦诚的心态，有可能标志着一些非常重要的个人发展历程的开端。这些个人发展不仅有利于教练的专业工作，其个人生活也会因此而获益匪浅。据我个人长期观察，一个常见的限制性因素就是受训中的教练对情绪的表达感到不安。一位教练曾这样说过："愤怒和沮丧我还能接受，或许因为它们是我最能表达的感受。但当我面对的情绪是受伤、难过和悲哀时，我就会缩回到自己的保护壳里，然后试图把这些情绪赶走。这是因为我本人就不允许这些感受发生在我的身上。”

发生在这名教练身上的这种觉察，使她在工作和个人生活中都产生了疑问：“我想解决这个问题吗？我准备好了吗？”最终，她成功地解决了这个问题，这对其工作和生活领域都产生了深远的影响。

心理感受性的支撑因素

我们的观点是，自我觉察以及对他人的觉察（这通常被称为社会觉察），共同构成了心理感受性的基础，而这些能力也是高管教练心理工作能力的支撑因素。

这一点对高管教练的培训有着许多启示，因为它表明了教练的个人发展与理论和技能发展同等重要。可以说，个人发展和职业发展之间就不存在什么明显的区别。

它也带来了这样一些疑问，即心理感受性是否可以开发，如果可以的话，要通过什么方式。我职业生涯的大部分时间都用在了培养自己和他人的心理感受性上，对于它可以被开发这一点，我毫不怀疑，但这通常会是一个富有挑战性的过程，它包括敞开心扉、更多的觉察，以及更多地活在当下，我们通常在这一点上做得很不够。它还要求我们对生活提出更多的质疑，并积极主动地与他人交往。当你试图理解自己和他人的经历体验时，难免会遇到风险，它要求我们付出努力，从严律己。而一旦你取得突破，获得了一些真知灼见，与他人也建立了紧密联系时，它也能让你享受到极大的满足和回报。

培养心理感受性

当我脑海中浮现出那些努力培养心理感受性的人时，我看到的是这样一群人：他们明显对自己的内心体验有更多的体察和接触，对他人的兴趣也明显更强，这些人允许自己的好奇心带领自己前进的步伐。他们常常会提出更多的疑问，更深入地探究。他们对他人的反馈更具深度、丰富性和影响力。他们不断地上下求索，想要了解真相到底是什么，而不是满足于事情的表象。

开放也是培养心理感受性过程的一个基本方面。在本质上，这意味着竖起你的耳朵去听，睁大你的眼睛去看，去了解更多。对于周围发生的事情，我们大多数人都错过了其中的许多。此外，这也意味着向你自己的内心世界敞开：关于你自己，你觉察到了什么，想到了什么，有什么感受，又对自己说了哪些话。但是，正如李所指出的，这也与不断增长的自我了解有关，它使我们能够“注意到那些支撑着我们行为的偏好、偏见和盲点”。这要求我们能识别出我们自己和他人的行为模式与偏好，比如自我怀疑、服从性或攻击性模式，受人喜爱、冷漠疏离或成为焦点的需求。

所有这些都发生在当下。觉察永远都只会在当下发生。你可以担心或预测未来，你也可以追忆逝去的年华，但所有这些事情都只能发生在当下。学会“活在当下”通常是人们成长和发展的一个基本方面。当我们活在当下时，我们倾向于与我们的环境进行更有意义的接触，而这一点对于个人满足感，对于建立关系及采取有效、适当的行动来说，都是至关重要的。

教练的个人发展

好几种方法都可以用来实现这种开放的、活在当下的、与外界联结更为紧密的存在方式。其中大多数方法都需要你聚焦于体验，因为它可以增强自我觉察和社会觉察。在这些方法中，最突出的就是一对一或团体情景中的心理咨询和治疗。练瑜伽、打太极、冥想和一系列侧重于精神的活动也各自提供了路径，通向更多的自我认知和更深的自我联结。

对于教练来说，如果能将团体情景中的发展机会作为补充，对于任何聚焦于个人的活动都是有帮助的。这是因为个人发展的目的不仅仅在于更好地了解自己，并以一种更自觉的方式行动，它也是为了更好地理解和欣赏他人，能够与他们建立联系，并做出适当的回应。

体验式小组的一些衍生方式，比如训练团体（T-group）和会心团体运动（encounter group movement），都是能够帮助人们在团体情景中提高觉察的最有力的工具。尽管这两种方法的鼎盛时期是 20 世纪 50 年代到 70 年代，但从那以后，这类方法一直以无结构小组（unstructured group）、觉察提升小组（awareness-raising group）、个人发展小组（personal development group）等形式继续存在和发展。这些方法的目标各异，小组的领导风格也各不相同，但所有这些小组都具备一个巨大价值，即为人们提供了一个活生生的实验室，让人们更多地了解自我和“他者”。不管采用哪种方法，这些小组都提供了丰富的反馈信息。关于别人是怎么看待你的，你会了解到更多，你也会受到激发和鼓励，去更多地展示自己。在这个过程中，人们学到和精研了许多相关的教练技能，比如积极倾听、发问、表示理解以及表达同理心。同时也学会了以一种巧妙的方式给予反馈，并且放下防备，接受他人的反馈。从本质上说，这些小组是情绪智力的学习实验室。

观察的自我

凯斯门特（Casement）对“观察的自我”和“体验的自我”进行了重要的区分。观察的自我指的是我们客观看待自己的想法、感受和行为，以及从内心去体验它们的能力。个人发展工作使我们能够开发“观察的自我”，以及我们置身于客体模式的能力。这是教练发展一个至关重要的方面，因为它是心理感受性的前提和基础。这是一种既能觉察到自己的体验，同时又能从中抽离，对这些体验进行观察和反思的能力。

这与教练对话尤其相关。作为一名教练，你一边要全然在场，倾听客户的故事，一边要适当地抽离，以便关注到故事中的模式和联系，其中有一些可能会折射出客户的典型交际风格，也可能会出现在你和客户之间的交流中。

这种能力之所以很重要，是因为它使你可以将运用自我作为改变的工具。正是在这些方面，你可以利用自己与客户相处的体验，选择性地使用内部数据作为干预措施的来源。

个人发展工作的最终目的是在认知和情感上变得更加协调——与自我协调，与他人协调，以及与彼此之间的关系协调。正是这种联结，使得亲和得以发展，信任得以建立，明智的干预得以实施。而且它是教练工作的心理学训练方法的基础，与良好的理论功底和丰富的教练技巧一样重要。

关于心理感受性的进一步思考

多年来，我与拥有不同专业背景的人一起工作，发现他们的心理感受性水平参差不齐。我学会了不去根据别人的职业猜测他们的心理感受性水平。举例来说，我有幸与一家英超俱乐部的优秀足球教练共事，发现他们总是会尝试从心理角度理解自己和球员的表现。我曾与科学家、工程师、财务会计师、投资银行家和警官共事，他们都对事件背后的心理意义甚为着迷。正如人们预料的那样，在职业心理学、心理咨询、人力资源、顾问、培训和组织发展领域，能够表现出高水平的心理感受性的人比我们想象的还要多。

但也有很多人（其中包括教练、人力资源和顾问行业的人）尽管表面上掌握了心理学的理论，也能有所应用，却表现出了令人担忧的、低水平的自我觉察和社会觉察。学术意义上的心理学训练并不一定能培养出心理感受性，因为它可能很难深入到学生的意识发展层面。

迫在眉睫的问题

在不久的将来，我相信教练在心理上的发展将获得更多的关注。这是因为相关领域里的人越来越明白和接受“心理感受性是高管教练的一种关键的高级能力”这一观点。此外，还有一系列问题要求我们审慎考虑，包括：心理工作能力的构成是什么？举例来说，教练是否要对个人改变理论和成人学习理论掌握良好的操作性知识？教练是否要对一个或多个心理学流派有所了解？如果确有必要，那么，哪个流派最适合教练去学？教练是否要具有高水平的心理洞察力以及一系列的心理方面的技巧和技术？教练是否有必要接受关于心理测量分析和评估工具的培训，并有能力使用这些工具？当高管客户遇到生活中的危机（如职业脱轨）时，我们是否能期望高管教练提供一种心理上的“扶持性环境”（holding environment）呢？当我们将目光转回到教练的个人发展，就能看到关于个人发展的指导方针出现吗？教练学员是否会被要求向心理咨询的学员看齐，自己也要接受一定时数的教练服务呢？也许最重要的是下面这个问题——谁来对以上种种问题做出决策呢？教练行业能否发展到这样一个阶段，会有一家权威的专业机构出现，既能设定这些标准，同时也拥有对其进行监控的手段呢？

我个人的观点是，心理感受性，尤其是高度的自我觉察和社会觉察，是高管教练一项基本的专业素养，与其他一系列条件，共同构成了心理工作能力。其他的专业条件还包括解释人们如何改变和为什么经常抗拒改变的理论、心理学思想的各种流派以及心理洞察力。此外，促进行为改变的心理方面的技巧也很重要。本书的下一章将对这些主题以及其他相关话题进行探讨。

第 9 章 心理导向的教练工作应有的专业特长

如果说心理感受性是教练的心理工作能力的基石，那么，还有哪些概念理解和实践技能，共同构成了完整的心理工作能力呢？本章试图回答这个问题，具体方式是通过为心理导向的教练工作制定一个能力框架，描述这种类型的教练工作所需的各项专业特长（proficiencies）。在开始之前，我想先阐明我是如何提炼出这样一个框架的，这一过程包括以下方面。

- 围绕着“你认为教练的心理工作能力包括哪些关键方面”这一问题，向心理导向的教练们征求意见。
- 欧洲辅导与教练理事会（EMCC）关于教练胜任力的主要研究发现。
- 查阅了咨询心理学的相关文献，对教练工作所需的心理能力问题进行了研究。
- 我自己作为一名高管教练的经验，以及我在心理层面上培训教练的经验。

很显然，心理导向的教练方法要求教练具备良好的心理工作能力。而更困难的问题是，教练究竟要达到什么样的水平以及如何发展这些能力。如果我们认为，在心理层面上处理教练议题要求最高水平的训练和经验，就可能得出推论，只有那些经过临床训练的心理专家才适合从事这项工作。一些心理学背景的教练著述者已经表达过这样的观点。

人们会以为，一个受过训练的心理专家应该拥有一些甚至大部分关键技能，从而能够承担那些侧重于心理层面的高管教练工作。例如，在教练流程的评估阶段，涉及使用心理测量工具时，职业心理专家所接受的培训远多于其他人，也具有更强的鉴别力。在某些情况下，他们甚至是唯一得到专业认证、可以实施某些测试的一群人。他们中的有些人可能还接受过行为改变方面的工具和技术的训练。

然而，仅仅是一些心理学专业培训，并不能使教练具备诊断病人病理或临床状况的能力——只有那些经过临床训练的心理专家、精神病医生或具备较高资质的心理治疗师才可能具备这种能力。

指望大多数高管教练对复杂的心理构成的理解不限于一知半解，是不现实的。我们要做的是更好地“武装”从业者，提醒他们做出合理的专业实践，从而在自己真正的能力范围内开展工作，并提高自己的能力。

因此，我自己的大致立场如下：当那些没有受过专业心理学训练的教练深入本该属于精通者的领域，教练行业的前辈敲响警钟是对的。不过，成为教练客户的绝大多数高管和经理并不会陷入严重的心理问题。教练工作的本质就已经意味着，总的来说，高管教练是与相对健康的个体合作的。他们的问题更多的是关于拓展行为能力、控制情绪反应、开发情商、与“未完成事件”做个了结、培养领导风度，以及（对其中某些人来说）找到余生真正想要的目标。这些议题确实涉及心理层面，但这些心理层面的问题还不至于构成干扰。在很大程度上，它们只是芸芸众生都会遇到且必须努力解决的各种状况和议题而已。

此外，当你所做的工作开始超出你的能力范围时，你通常是能意识到的。你的培训师应该帮助你发展你的直觉，这样，当你的个人警钟响起的时候，你的直觉就会告诉你，这种情况下你应该退后一步。一条实用的指导方针是，永远在你的能力范围内开展工作，把复杂的心理问题交给你的督导师，以获得更成熟的观点。

我主要担心的是，新手教练从短期课程或有关自我发展的书籍和教练手册中学到新工具和新技术之后，就跃跃欲试，脱离发展轨道。这才是更容易造成伤害的地方，也正是因为这个担心，本书里很少出现实操练习的内容。因为我坚信，心理导向的方法要在一个正规的培训环境中才能学会，不能只靠看书。

作为一名教练，你的自我发展程度越高，就越不可能做出这种鲁莽的事情，因为你会敬畏这些方法的巨大威力，并明白随着时间的推移打磨技艺是何等重要。你也会认识到，你在自我发展上投入的时间、精力和注意力，应该要与投入在理论和技能发展上的一样多。最危险的教练是那些不懂得自我发展的必要性的人，或者更糟的是，是那些对自己过分高估的人。

请记住这些为了你好的警告，同样重要的是要记住，大多数教练从业者和学习者确实是严肃认真地对待这些问题的。他们致力于良好的专业实践，努力成为行业典范。而且他们乐于以正确的步调来学习和发展，以确保在对客户施展技能之前，其所学早已深深嵌入脑海，被消化吸收。

表 9–1 中所列的专业特长，针对的是那些心理导向的教练，以及那些希望在更深的层面开展工作的教练。不可避免的是，任何清单都难免会有遗漏。话虽如此，我相信，那些针对教练的高级培训和发展项目，如果选择采用侧重于心理的教练工作方法，那么这一份清单就已经足够全面了。

表 9–1　　心理导向的教练工作所需的能力清单

广义范畴	能力项
1. 概念性理解（理论知识）	（1）理解一个或多个心理学流派，例如人本主义、认知学派、行为主义、心理动力学、格式塔，等等 （2）理解关于改变的各种理论 （3）对心理学概念有鉴别力 （4）理解思维、感受、行为之间的关联 （5）理解有关行为改变的模型和技巧
2. 评估方法	（6）熟悉各种评估工具和技术 （7）接受过培训认证或有能力提供至少一种评估工具，如心理测量、情商或 360 度反馈 （8）将评估方法整合到自己的教练实践中
3. 心理感受性	（9）反思自己和他人的思想、感受和行为背后的原因和意义 （10）力求认识到当前问题和过去事件之间的联系
4. 自我觉察	（11）意识到自己的内心世界——身体感觉、自我对话、情绪、乐观或悲观心境等 （12）理解自己的情绪 （13）了解自己的内驱力和动机

续前表

广义范畴	能力项
5. 社会觉察	（14）能感知他人的情绪 （15）积极寻求理解他人的观点、担忧和感受 （16）放下对他人想法、感受和行为的评判 （17）能准确理解他人的情绪 （18）能以一种敏感的方式表达同理心
6. 自我管理	（19）能把自己的感受和客户的感受区分开 （20）确保自己的信念、价值观和观点不会对教练工作过程产生负面影响 （21）控制自己的消极情绪和冲动
7. 人际关系管理技能	（22）可以与各种各样的人相处融洽 （23）具备帮助他人的心理条件：非评判的立场、接纳、同理心、真诚和温暖 （24）能够处理在企业教练中常见的复杂的三角关系
8. 心理理解和洞察力	（25）当客户的“未完成事件”可能影响到他们当前的绩效表现时，可以识别出来 （26）识别出那些可能被过去经历重新激发的模式、主题和问题 （27）将由他人引起的感受、想法和反应，与那些源于自身的感受、想法和反应区分开来 （28）能够识别出具有心理复杂性的情形 （29）对病理有一定的认识 （30）可以将教练和治疗的议题区分开来 （31）确定哪些问题和资料要带到督导场合予以探讨
9. 心理技能	（32）能够帮助他人提升觉察 （33）创造一个安全的环境，让客户可以探索议题，尝试新的思维和行为 （34）帮助客户更有效地理解和管理自己的情绪 （35）能够提供有效的支持和挑战 （36）可以适当地促进情感表达 （37）能够将当下的体验作为直接学习的源泉 （38）有效地运用自我——将自己的内部数据作为干预措施的来源

续前表

广义范畴	能力项
10. 扶持性环境	（39）在情绪紧张的“危急”情况下，能够有效地支持客户 （40）当局面变得难堪和复杂时，能够保持情绪平衡
11. 职业精神	（41）明白自我发展乃是获取能力过程中重要的一部分 （42）理解并坚持专业实践的最高标准 （43）在能力范围内开展工作，不吹嘘自己的专业知识 （44）参与一对一、小组或同侪督导 （45）致力于专业的持续发展（CPD）

为了使读者更好地理解左侧的“广义范畴”，也许需要对右侧所列举的某些能力提供更详细的信息。我不打算每一项都涉及，而只会重点关注那些不太引人注目的能力项。

拥有一套关于改变的理论

第一大类“概念性理解”是特别重要的。尽管大多数教练承认他们的工作是帮助他人改变，但许多人却说不清楚他们是怎样理解改变何以发生，以及为什么改变常常难以发生。对于心理导向的教练来说，拥有一套关于改变的理论是必不可少的。

最著名也是得到了最多的科学验证的改变模型，也许要数普罗查斯卡的改变阶段模型了。这个模型出现在普罗查斯卡与诺克罗斯（Norcross）、迪克莱门特（DiClemente）和韦利瑟（Velicer）共同撰写的大量研究文章和书籍中，最早可以追溯到 1979 年。这一套新兴的工作方法体系广为流传，其影响波及各种活动，如健康促进运动、成瘾治疗、心理治疗实践、领导力发展计划和主流教育等等。它提出，改变是一个随着时间推移而展开的过程，涉及不同阶段之间的过渡。这些阶段包括意向前期、意向期、准备期、行动期、维持期和终止期；改变可以通过提高觉察、重新评估自我、尝试新的行为等方式产生。其他关键的改变因素，如决策天平、针对改变的成本 – 收益分析、自我效能感等，在该理论中也占有显著的位置。考虑到这项研究工作广泛而深远的影响，我们有必要更详细地了解它。

普罗查斯卡的改变阶段模型

1. **意向前期**（pre-contemplation）的特点如下：

- 相关客户不打算在近期（未来六个月内）做出改变或采取行动；
- 他们可能对自己行为的后果和影响一无所知或了解不足；
- 他们以前可能尝试过改变，但没有成功，因此士气有可能低落；
- 他们可能采取否认或防御的姿态。

根据普罗查斯卡的说法，处于意向前期的人“低估了改变带来的好处，高估了其代价”。

2. **意向期**（contemplation）是指个体有意在未来六个月内采取行动，通常会伴随着以下情形：

- 相较之前，他们更多地觉察到了改变的有利条件，但同时也敏锐地意识到了其不利条件；
- 在这个阶段，他们意识到了更多改变所带来的成本；
- 这可能会进一步带来一种深刻的矛盾心理。

这种对改变的成本 – 收益分析，乃是这个过程所固有的，它将导致一个关键因素“决策天平”（decisional balance）朝着一个方向（决定改变）或另一个方向（维持现状不变）的倾斜。

3. **准备期**（preparation）。当一个人打算在未来30天内采取行动，并开始审视环境，寻找成功所需的信息、实际帮助和情感支持时，就进入了准备期。此时可能是教练第一次接触潜在客户的时候。

4. **行动期**（action）是指这个人真正投入去“谋划”，并针对既定的目标采取了切实的行动。它的特点如下：

- 个体做出了具体的、明显的改变；
- 改进是可见的、可衡量的；
- 改变的好处开始显现。

5. **维持期**（maintenance）是这样一个阶段：人们意识到了旧习惯卷土重来的危险，但同时也变得更加自信，相信自己能够牢牢守住来之不易的成果。这是改变过程中一个非常关键却往往被低估的阶段。

“旧病复发”的一个最常见的原因就是，人们总是以为自己为改变所做的努力只需维持几个星期或最多几个月，便过早地放松了决心和自觉的行动。根据客户提供的报告，普罗查斯卡提出，维持期可能会长达六个月到五年。

6. **终止期**（termination）。这是第六个也是最后一个阶段。当人们正在放弃一种习惯或一种不健康的应对模式，并且开始体会到一个坚定的信念——自己再也不会回到过去，这个阶段就表现得更加明显。根据普罗查斯卡的研究，这个阶段的自我效能感程度相对较低，正如他指出的那样，“对很多人来说，最好的结果就是一辈子都处于维持期”。要想更恰当地理解普罗查斯卡所说的意思，必须结合其所涉及的临床研究的背景。这些临床研究所针对的人群渴望摆脱一些习惯强度很高的行为，比如问题性酗酒和慢性烟瘾。

改变的方法

除了这六个改变阶段外，普罗查斯卡及其同事还确定了九种改变的方法，它们要与相关的改变阶段匹配使用。这些方法包括以下几种。

- 提高觉察，也就是说首先要承认问题的存在，这尤其适用于意向前期和意向期。
- 情绪觉察——体验和表达对问题的感受，同样特别适用于前两个阶段。
- 考虑行为对他人的影响，同样适用于前两个阶段。
- 结合对问题的感受，重新评价自我，评价时的提问类似于“我真的是我自己认为的那个人吗”或者“我想成为什么样的人”，这种改变的方法可以推动个人从意向期过渡到准备期。
- 相信人是可以改变的，并且对行动下定决心。这可能是驱动个体从准备期到行动期的力量。
- 尝试新的行为和应对方式，也就是说，学习用新的、更有效的方法来实现目标。这与后面三种方法都适用于行动期和维持期。
- 对改变进行激励和奖励，特别适用于那些自我强化的改变。
- 避开环境中那些可能会引发旧行为的因素。
- 建立包括教练、朋友、家人和同事在内的支持网络。

对教练的启示

普罗查斯卡的研究为行为改变方面的教练工作提供了一些宝贵的学习要点。关于改变何以发生以及它为什么难以发生，他的研究提供了发人深省的见解。以下是我认为与教练特别相关的几点。

- 该模型强调了识别客户在改变过程中所处阶段的重要性。这似乎是一个显而易见的道理，但我要提醒的是，教练经常错判了他们的客户，以为他们处在准备期或行动期，而实际上他们仍然停留在意向前期或意向期。这就让教练和客户无法同步。当客户没有达到教练的期望时，随之而来的总是困惑和失望。
- 这组研究再次强调了提高觉察的重要性，并将其视为改变过程中的一个关键方面。它还支持了教练工作的另一条核心原则，即一个人必须自觉地做出选择，决定要学习和改变，教练工作才可能对其奏效。做出决定的力量绝不应该被低估。
- 根据新的材料对自我进行重新评估，需要客户经历更深层次的心理过程。这再次强调教练需要具备心理方面的技能，能够与处于脆弱状态的人展开合作。
- 这项研究提醒了我们，环境在改变过程中发挥着多么重要的作用，它可以巩固已有成就，也可以妨碍我们成功。这就提醒教练，即使只是针对个人的改变，也必须采取系统性的视角来看待。
- 普罗查斯卡的研究证实，改变所需时间比人们通常认为的要长。因此，与客户讨论出一个切实可行的改变进程是很重要的。这也提醒我们要特别关注改变的维持期。然而，快节奏的组织生活常常令人应接不暇，“维持工作”因此经常被忽视。这也许可以解释为什么如此多的改变举措难以为继。

- 最后，这项研究支持了这样一种观点，即教练工作的最终目的是促进人的自我改变，这可能是你作为教练最重要的贡献。

考虑到这个改变理论涉及的范围甚广，此处不可能涵盖它所有的命题，因此，我建议你深入研究原始材料。掌握一套关于个人改变的成熟理论，是任何教练都需要具备的基本功。

应对复杂的心理结构

心理的复杂性和相关的病理学问题也值得进一步关注。与以上术语相关的是一些更明显的心理问题，如抑郁、严重焦虑、成瘾、自恋和人格障碍等等。

这些情况在组织生活中确实存在。而且，教练必须明白，只要他与高管们一起工作的时间足够长，迟早会遇到有明显心理问题的人。有时，问题会通过这个人对身边同事的影响而显现出来。当人们提起这个人时，通常会有严重的不安和担忧，这种情绪通常会传递给教练。另一个迹象可能是同事体验到高水平的压力，或者生病率异常高。

那些从事过高管工作或人力资源工作的教练，通常都经历过涉及复杂心理问题的情况，所以可能会很快捕捉到氛围中那些高度焦虑和畏缩不前的迹象。作为一名教练，当面对那种有严重心理问题的高管时，你必须认识到为他们提供教练会涉及的职业风险和陷阱。如有不慎，你的职业生涯很可能会受到威胁。你的意图可能只是支持这名高管，而不是想要改变或治疗他。然而，如果这个人是不稳定的，他可能会对任何方向展开猛烈的攻击，其中自然也包括你。如果你不幸遇到这种情况，你必须求助于你的专业督导师来帮你探索工作动态，并获得对你的个人支持。

构建“扶持性环境”

最后一大类需要界定的能力与“扶持性环境”有关。这个概念来自心理治疗领域，指的是在一段帮助关系中，要提供一个足够安全、足够强大的空间来容纳场景中的各种压力。当客户经历生活中的危机时，这一点最能发挥作用。在企业教练活动中，危机可能源自个人的私生活，但最有可能表现为职业脱轨。鉴于这种现象的普遍存在，你早晚会遇到客户带着坏消息来参加教练对话的情形。此时，最重要的是提高主动支持的水平，并创造出更包容的空间。有时，这会发生在休息日，让你措手不及，虽然你没在工作状态，但仍要对客户做出回应，并在面对情绪宣泄时仍能保持情绪平衡。这是一个考验你即时思考和即时感受的时刻。

如果你是一个新手教练，我在这里详细讨论的例子（比如复杂的心理问题和职业脱轨）可能会让你感到担心。你脑海中可能会浮现一个问题：“难道这些就是我每天将要面对的情形吗？”好在这些并不是日常的教练工作主题。正如我已经强调的，这些更多地属于例外，而不是常态。然而，我们必须认识到，它们是高管教练工作中的一部分，教练识别并妥善处理这些问题的能力越强，教练工作的效果就越好。

如何提高这些专业特长

那么，你应该如何着手来发展这些专业特长呢？你是否要去接受培训，以成为一名临床或职业心理专家？你是否应该参加一个心理咨询或治疗方面的文凭课程？参加一些周末举办的工作坊，再加上一些有重点的阅读，是否足以达到这个目的？仅参加有关使用心理测量方法的认证课程，或者情商评估的培训是否已经足够？当前，许多有经验的教练和新手教练都在谋求提升，以弥补他们已经敏锐地意识到了的短板，而这些短板可能存在于知识、实践和个人发展等方面。本章中所列举的专业特长可能要用一生的时间，才能提高到一个很高的水平。没有捷径可走，也没有哪门神奇的课程能够让教练短时间内在工作所涉及的心理领域游刃有余，这样的事情也不应该有。深入认识自我和增强心理工作能力是一段漫长的旅程。放慢脚步，细细品味这段旅程中的沿途风景，可能才是最明智和最令人满意的做法。

在下一章中，我将讨论“教练的个人发展”这个完整的话题，涉及所有更高层次的能力类别，而不仅仅是心理层面。作为讨论的一部分，我将介绍一些工具，你可以使用这些工具来提高自己的心理工作能力，并解决自己的个人和专业发展问题。

第 10 章　教练的个人发展

作为高级教练培训项目的提供者，经常会有新手教练和有经验的教练找到我，他们都在寻找适合自己的发展机会。他们经常用“雷区”一词来描述他们眼中的教练培训市场。鱼龙混杂的培训市场使他们既困惑又沮丧。有些培训机构声称能在三到五天内培训出世界级的教练；还有一些机构则表示，一至三年的研究生课程才是正道。在这两个极端之间还充斥着五花八门、形形色色的各种认证。有些培养方案以工作坊为基础，还有一些是远程电子通信的学习方式。这些课程的结构、内容和形式千差万别，授课者的背景也千差万别，既有国际知名的学者，也有从事管理发展的培训师。

在一个不受管制的领域，出现这种情况也不足为奇。迄今为止，关于何为良好的专业实践，在教练领域还没有公认的专业能力框架、标准、理论或立场。诚然，教练领域正迅速地朝着这一方向发展，但仍有很长一段路要走。与此同时，那些寻求真正的教练培训的人也要继续在这个迷宫中摸索前行。

职业教练的培训和发展框架包括以下四个方面。

- 理论发展；
- 实践 / 技能发展；
- 个人发展；
- 专业发展。

理论发展

通过多年来对教练和顾问实施培训和发展，我很明显地看到，人们对理论有着不同的反应。有些人喜欢它，迫不及待地参加培训课程，希望获得新的见解或联结。有些人则认为理论只是一种“必要之恶[①]”，并将更多的精力花在实践和技能发展上。然而，只要教练行业还想要树立“一种有效的职业活动”的形象，教练的培训师们就不能淡化教练发展的理论层面。良好的实践要建立在坚实的思考和行之有效的训练方法之上。

那么，教练工作从哪里寻找它的理论呢？在过去，主要来源是心理学——一是组织心理学和咨询心理学，二是运动心理学。近年来，教练领域借用了心理治疗和咨询的概念。其他重要的来源包括成人学习理论、组织发展理论、管理和领导理论等。一些讲述个人成功的著作中所涌现出的想法和概念，以及那些教人如何以简单的方式来改变生活的书籍，也被引入教练领域，特别是生活教练的领域。

教练理论可以说综合了很多其他学科的思想。那么，教练工作有它自己的理论吗？我个人认为是有的，而且我认为随着教练领域的成

---

① 通常指那些我们不想做，但却不得不做的事情。——译者注

熟，我们很可能会看到越来越多的理论从中产生。回顾历史，高威关于内心博弈和外部博弈的教练方法，可以算得上是里程碑式思想的一个典型例子，对人们理解和实践教练工作产生了重大影响。

哪个心理学框架最适用于教练

许多教练实践者和研究者的头脑中都有这样一个疑问，即是否存在某个特定的、最适合教练工作的心理学框架？基于许多被很多人认可的心理学流派，如心理动力学、认知行为、格式塔、建构主义发展心理学，人们不断开发出新的教练方法。如果教练领域的发展趋势与心理治疗和咨询领域类似，那么很可能会出现一个强有力的主张，即认知行为心理学将被视作最适合教练工作的心理学理论。不是每个人都喜欢这个结果，也不是每个人都认同它，我们也期待心理动力学、人本主义、格式塔和建构－发展等多种背景的从业者都能提出强有力的案例作为自身理论的佐证。

这些论点将越来越多地采用规范的学术性术语，所提出的主张也有待科学研究的验证。这将不可避免地导致一个不公平的竞争环境，这是因为在使用传统的学术方法来验证成果这件事上，上面提到的某些心理学框架不是步伐缓慢，就是不情不愿。因此，当学术性的辩论占据舞台中心时，它们能产出的成果少之又少。

然而，我认为有一个完全不同的命题，是高于这些学派的争论的。这个命题与本书第一部分中概述的教练关键因素有关，即教练原则、教练过程、教练的能力、教练关系以及客户。教练工作要想取得成功，其中每一个因素的作用都不亚于教练使用的具体模型，不管这个模型是否与心理有关。

随着时间的推移，会有相关研究成果来为我们回答本小节中的疑问。但是，此时，首先我认为看待心理学框架的一种合理方式是，教练总要有一个框架，无论是哪一个，都比没有要好。其次，如果你在这个框架中逐渐成长为知识渊博和技巧娴熟的教练，你的实践很可能会因此得以提高。然而，以上这段话并不代表我支持“单一框架”的做法。许多教练在这方面都是折中的，更喜欢从好几种心理模型中吸取概念。

在未来，教练培训业务可能会变得越来越分化，提供者将各自专注于心理动力学、格式塔或认知行为方面的课程。这样做固然有一定的价值，但我希望我们能看到一种更综合的方法，让接受培训的教练能够接触到多个心理学传统流派的思想和概念。朝着一个更具规定性的方向发展，可能会扼杀创造力，并使这个领域两极分化。

实践 / 技能发展

过去几年，对于高级教练培训课程，特别是研究生课程的需求一直在增加。在参加这些课程的学员中，有些人更具学术头脑，很容易掌握课程的理论和技能发展方面。还有一些人在阅读和完成作业方面没有问题，但对学术性工作缺乏信心，感到忧虑，有时表现不佳。

试想一下，如果这些硕士学位课程、学历课程和证书课程仅仅以能否通过书面考试和作业为依据来颁发毕业证书，会怎么样？我们就会看到那些在学术上很聪明的人毕业之后自称为合格的教练，只是因为他们有能力讲授教练的理论知识。他们的教练实践能力可能很差，但却可以合法地执业，并凭借名牌大学的认可而获得专业信誉。

显然，这是教练培训中令人担忧的一面，因为教练工作远非学术科目。事实上，恰恰相反，这是一项高度实用的活动，要求具有全面的技能组合。比如，对“移情”（transference）概念的理解，并不意味着当移情作用真的发生在复杂的教练工作关系中时，教练能够识别出来并有效地处理。对情商有着浓厚的理论兴趣，也不能保证教练就一定具备高度的自我觉察以及深刻的同理心。

基于这些原因，一个可靠的教练培训过程必须既关注理论发展，又关注技能发展（对前述的情商例子而言则是个人发展）。如何实现这一点，不同的项目会有不同的做法，但这必定会是教练发展的一个基本要求。我个人的观点是，技能发展必须基于两套方法论中的一种。第一种是经过实践检验的“练习加反馈”的学习模式，第二种则是在专业督导下进行实践。

几十年来，练习加反馈模式在世界各地被应用于心理咨询/治疗的培训，以及过程咨询的培训。它的运作方式大致如下：课程学员以三到四人一组的形式开展工作，每组都可以获得一名导师的支持。小组成员轮流扮演教练、客户和观察员的角色，这样每个人都可以在真实的情况下练习教练工作，解决真正的问题，并从观察员和导师那里获得反馈。对话过程可以录音录像，并在以后作为一种影音反馈的补充手段播放。学习的价值大小取决于课程导师和观察者所提供反馈的质量。在现实中，这种学习往往收效甚丰，特别是在研究生课程中，因为参加这些课程的往往都是经验丰富、能力很强的人。通常来说，执业中的教练会更清楚自己的长处和短板。然后，他们可以利用这些反馈来改进他们后续的实践。

在专业督导下进行实践是另一种可用于技能发展的优秀方法。无论教练是经验丰富还是处于接受培训的早期阶段，有一个可供他们与同行一起探索工作的督导环境都很重要。在培训项目中，在不同的讲习会之间，课程学员都要进行一些教练实践，因此对他们来说，接受督导是很有帮助的。此外，督导也为客户提供了质量管控机制。如果督导是在一个团体情景下提供的，那么团体中的每个成员通过目睹他人接受督导的过程，都能学到一些宝贵的东西。督导也促使他们有规律地进行练习以积累经验，这些实践都是他们希望在培训结束后一直做下去的，因此现阶段的练习尤为重要。

个人发展

当潜在的教练学员对市场进行初步研究，以寻找合适的高级教练课程时，他们往往既关注课程在理论上是否严谨，也关注课程能提供什么实践机会。有些人还会检查课程是否包含了强调个人发展的部分，如果有的话，以何种方式实施。他们认识到，有效的教练培训要关注的不仅仅是工具、技术和模型。

有很多活动可以让教练专注于自己的个人发展，获得更多的关于自我的觉察、洞见和知识。其中有些活动可以同时展开，有些活动可能已经是高级教练培训方案的一部分。这些活动包括以下几种：

- 教练心理学课程；
- 关于心理咨询或心理学的培训；
- 接受教练；
- 接受个体心理治疗或咨询；
- 体验式工作坊；

- 长期性小组；
- 督导；
- 个人学习 / 阅读。

自我发展的可选方法

对于教练领域来说，教练心理学课程尚属新生事物，但预计在未来几年它将大行其道。许多教练可能都会遇到这样一个时刻，他们会自问是否要在心理学、心理治疗或咨询方面实施一个更长远的发展计划。的确有些人会选择这样做，而且他们发现这对他们的教练工作很有价值。这样的发展计划甚至可能会让他们朝着专业治疗师、咨询师或心理专家的方向前进。当然，由于时间、决心和成本方面的原因，大多数人最后都没有做出这样的选择。一套完整的心理培训诚然可以提供各种知识和技能，以提高教练工作的效能，但对于许多教练来说，这一步都有点太大了。

“接受教练”这一方法提醒了我们要去关注一个有趣的现象，即许多提供教练服务的教练本人似乎并没有多少接受教练服务的经验。只有两个例外：要么他们所接受的培训使用的是“练习加反馈”的模式，要么培训课程规定必须接受一定时数的教练服务。

对许多人来说，“治疗”一词都会引起一些不好的联想，因为它表明你的健康状态出了问题。而教练通常并不处理健康方面的问题。出于这个原因，许多正在接受培训的教练都不愿意去接受治疗。然而，治疗却是人们深入探讨自我发展问题的最强有力的方法。对某些人来说，要想真正理解自己身上一些最顽固、最棘手的个人模式何以形成，以及如何改进，治疗可能是唯一可行的方法。

在心理治疗和咨询的培训方案中，通常需要你以来访者的身份接受治疗或咨询，这也是整个发展过程的一部分。虽然比例可能相当小（常见的做法是大约 40 个小时），但它仍然为学员身份的咨询师或心理专家们创造了一个获取体验的机会，让其明白所谓的“处于弱势地位”是一种怎样的感受，同时也提供了一个机会来处理更深层次的问题。遵循同样的道理，有些教练培训项目在设计结构时就加入了类似的要求，即课程学员必须接受教练服务。

参加工作坊或长期性体验小组也是非常有用的自我发展途径。团体情景提供了一个能够获取丰富反馈的学习环境，在这样的环境中，教练可以扩展他们的自我和社会觉察，实验新的行为，更明白自己造成了什么影响以及自己的风度如何。心理学框架（如精神综合论或格式塔等）的短期课程和讲习班，通常都会将特定内容的学习与重要的个人成长机会结合起来。

最被低估的工具也许是长期性体验小组，它也是市面上最为少见的。年纪大一些的读者可能会回想起 20 世纪六七十年代的训练团体、会心团体和觉察提升小组，对某些人来说，这些团体场合是他们最初学习聚焦于心理的工作的基地。虽然这些体验小组的衍生形式时至今日仍然存在，但数量要少得多，也很难找到。这种长期性小组提供了一个特殊的场所，在这里人际互动能达到很深的程度，因此可以在教练的自我发展之路上占据核心位置。

对自我发展方法的任何列举，都必须包括阅读和自学。现在市面上有大量的自我发展手册和成功学的书籍，其中充满了新鲜的、有用的，有时甚至能启迪心灵的概念和想法。作为自我发展活动的一个组成部分，它们的地位和贡献都很重要。但是，仅仅依靠这种方法有可能并不够。教练工作（其实也包括任何助人活动）的整个前提就是，某人将自身问题暴露给另一个人的过程，这个过程能够弥补此人发展中缺失的成分，从而促进其改变。如果是在团体情景下，那就是暴露给更多的人。抱着一本自我发展的书埋头苦读，固然有可能扩展我们的意识，但这个过程本身有可能会过于偏重向内求索。

要想成为一名教练，特别是一名心理导向的教练，需要你致力于自身的自我发展，并在更深的层次上处理个人问题。一开始，学员们往往不明白“学习教练方法”和“审视自己”两者之间的关联。他们只是来报名参加一个教练培训项目，想要学会一些工具和技巧，好用在别人身上，同时获得一张行业入场券。但是，当这个过程结束时，他们通常会将培训中与觉察提升有关的那些内容视为整个项目中唯一重要的部分。他们也意识到了情绪智力的重要性，并视其为教练应具备的一种关键的心理素质。

专业发展

尽管高管教练尚不能被称为一种专业，但那些自称教练的人以专业的姿态做事仍是至关重要的。因此，教练培训方案，特别是那些培训高管教练的方案，必须高度重视专业发展这一议题。

从心理学和心理治疗背景转到教练领域的从业者通常在这些问题上已经受过良好的教育，并且能意识到职业的分寸感。那些拥有企业和体育运动背景的教练则可能习惯于一种完全不同的工作界限。举例来说，一个有着心理治疗背景的教练，会对在繁忙的酒店前台附近进行对话产生很大的顾虑。因为他们担心一旦出现更深层的问题，这样的场地无法提供一个必要的、更加包容的扶持性环境。一个有着管理或人力资源背景的教练则可能会对这样的担心不屑一顾。我们经常会听到后一种教练说，他们正在和客户在餐厅里，一边享用美酒佳肴，一边进行教练对话。

目前，教练领域还不够成熟，无法顾及所有这些情况。关于什么才是好的专业实践，目前仍然众说纷纭，而这些观点很大程度上其实只反映了教练们各自的专业背景。话虽如此，教练领域已经开始努力解决这些问题，一些有抱负的专业机构和协会均已发布了伦理规范和良好实践的指南，如欧洲辅导与教练理事会、教练协会、专业高管教练与督导协会以及国际教练联合会。这些组织的会员人数和影响力都在不断增长，并且有越来越多的教练注册成为会员。这些教练都对专业实践的最高标准展现出了榜样般的坚持。

对教练的督导

在当前和未来，教练机构很可能会从三个方面着手提高教练专业实践的标准，分别是结构化的培训和发展计划、对教练实践者和教练培训提供者的认证程序，以及督导。

督导并不是一个新概念。它已经在社会工作、心理治疗和咨询以及临床心理学中实行了几十年。它还可以追溯到更久远的学徒制和健全有效的管理机制中。相对于管理中的督导或监督，教练领域的专业督导仍是新鲜事物。如果你在那些最著名的教练文献中查找关于督导的内容，那你在2000年之前的资料中几乎找不到任何内容。在2000年之前，几乎没有任何标准的文献讨论过督导这个问题。不过这种情况正在迅速改变，越来越多的专业教练和导师认为督导乃是良好实践的必要条件。他们中的许多人要么有心理学或心理治疗的背景，要么开始受到影响，发现了督导的价值。

那么，对教练的督导是怎样的呢？首先，它提供了用来反思的时间与空间，让你与前辈同事、指导小组或者其他同行在一起反思自己的工作。这种反思的目的是使你对困难和复杂的工作任务有更深刻的认识，并使以后的工作变得更加清晰。其次，它是一个获得支持的机会，既包括以想法和建议的形式提供的实际支持，也包括情感上的支持，具体表现为分享问题，并在适当的时候得到安慰。最后，督导可以是一个学习场合，在那里，你可以在培训结束之后继续获得学习和专业发展的机会。

针对不同阶段的督导

那些研究过督导这个问题并发表过相关论述的人，以及那些在职业生涯中提供或接受过督导的人都倾向于认为，在我们职业生涯的不同阶段，督导意味着不同的东西。新入行的教练可能还在接受培训，他们的需求与那些已经在这一行干了10年或20年、经验丰富的高管教练会有明显的不同。“学徒”可能需要得到更明确的指示，并希望督导师能对自己在早期经常会体验到的焦虑给予更密切的关注。经验丰富的教练可能会想要一种更平等、更像是“商量切磋”的关系。两者所需的督导数量和频率也会有所不同。

督导的关键功能

卡杜山（Kadushin）是督导领域最具影响力的著述者之一，他定义了督导的三个主要功能：（1）以教育的方式帮助实践者发展和发挥潜力；（2）通过督导师履行角色责任，提供现实和心理支持；（3）促进和维护良好的工作标准，遵守政策和良好实践的要求。最后一点属于督导的质量保障功能。普罗克特（Proctor）对督导的关键功能也持有类似的观点，尽管她使用的术语有所不同。她提出督导具有规范性（normative）、形成性（formative）和恢复性（restorative）三个功能。

督导如何工作

督导过程通常包括对某个具体案例或一系列与教练有关的问题的陈述，以更深入地了解正在发生的事情。这些事情涉及客户、教练或教练和客户之间的关系。这种学习的目的是实现上文所述的督导的三个功能，从而使教练对自己的工作发展出更深入的知识和智慧，在带领下进行更好的实践。

霍金斯（Hawkins）和修赫特（Shohet）概述了督导的其他目的。它可以聚焦于教练对话的内容、教练使用的策略和干预措施，也可以聚焦于督导关系本身的性质。

督导议题示例

在本书中，我曾提到过各种各样的督导议题。下面还有一些其他例子。

- “人际化学反应”是教练工作关系的一个重要方面。一种对客户积极的好感，以及立刻就能产生的共情，总是能让你感觉更好，并且使你安心，对工作产生正面期待。然而，情况并不总是这样，作为教练，你面临的挑战可能是找出是什么让这个客户对你来说感觉吃力。在督导过程中对此进行探讨，可以得出一些重要的见解，并帮助你释放压力，从而更有效地与当前的客户以及未来具有类似特征的客户合作。

- 在与客户一起工作的过程中，你可能很难在支持和挑战之间找到平衡。督导会揭示出你在挑战和支持方面的不足之处。督导师可能会建议你进一步推进个人发展，从而了解和处理潜在的问题。
- 你可能会觉得和某个客户的合作不是很顺利，你不知道哪里出了问题。在督导场合讨论这个问题有可能会帮助你摆脱困境。
- 如果你认为某个客户有着更为复杂的心理构成，那么就有必要和督导师探讨这个问题，以获取不同的视角，并获得处理这个问题所需的支持。
- 客户可能正处于两难的境地，不知道是否该为自己发现的财务违规行为而检举同事或老板。这类问题可能超出了你作为教练的经验，让你感到不安和不确定。和督导师讨论可以为你提供所需的指引和安慰。
- 你可能在工作中遭遇了一场个人信心危机，正在怀疑自己是否真的适合做教练。督导空间将为你提供机会，去探索和深入了解是什么导致你走到这一步的，并支持你继续前行、渡过难关。

督导的形式

在现实中，督导可以是一对一的，也可以是小组形式的。督导师通常是经验丰富的教练，对督导过程拥有良好的操作性知识，特别是当督导对象是教练学员或新手教练时。由于督导师比较稀缺，再加上零成本的优势，同侪督导正在变得越来越流行。但在我看来，不应该提倡处于起步阶段的教练去接受同侪督导。因为同辈教练自身可能也比较缺乏经验，无法理解某些复杂的情况，也无法提供一个可以一起练习的团体，而后面这一点对于巩固良好的专业实践来说是非常重要的。当你逐渐积累起经验时，再把同侪督导作为一个备选项来考虑，会更加合适。

督导的准则

目前，在督导的规律性方面，尚未形成一套全国范围内得到共识的指导方针。然而，在教练与辅导（mentoring）领域，所有主要的专业协会都强烈地提倡从业者必须接受督导。

关于接受督导时数与本职工作时数的比例，某些教练顾问公司已经有了推荐的计算公式。在这些公式中，一个督导小时所对应的教练小时数从 8 到 15 不等。通常默认的规则是，正在接受培训的教练或尚处于起步阶段的教练需要更多的督导。也有些时候，这个要求会变成明确的规定。

谁能当督导师

以上所说的一切，前提都是我们能够找到现成的、可胜任的督导师。然而，事实并非总是如此。教练从经验分布上来看仍然呈“金字塔”状。新进入者越来越多，而老手相对较少。有经验的教练会提供督导服务，但供不应求。这可能会导致教练很难找到督导师。

有些教练已经找到了解决这个问题的方法——他们去找心理咨询或心理治疗领域的督导师，目前这些人的数量比教练督导师要多得多。这样做的好处是，这类督导师很可能技巧娴熟，能够在教练情景中识别出心理层面的问题。不利的一面则是，这些人往往缺乏商业知识，可能难以理解某些涉及具体情况的问题。

随着教练领域的不断成熟，我们将看到越来越多的短期和长期课程出现，以培养教练成为教练督导师。目前这些课程已经出现在市场上，从中长期来看，这将导致督导师的供应增加。

关于心理方面的争论

要参加多少心理学方面的训练、具备多少背景知识才能成为一名督导师？这是许多资深教练所关心的问题。那些从心理学、心理咨询或治疗领域转行过来的教练，往往认为这样的背景是绝对有必要的。通常，这些教练比那些（在心理学方面）未经训练的同行能够更早、更清楚地认识到绩效表现问题背后的心理和情感层面。他们与客户的合作能够涉及更广泛和更深层的问题，从而使督导变成一种心理工作过程。当然，前面霍金斯与修赫特指出的督导的某些方面也表明，督导师应具备很强的心理工作能力。

然而，如果去询问为数众多的没有心理咨询或治疗背景的教练，他们可能会认为没有必要由这种背景的人来督导。这些教练的工作也许更注重策略，而不是那么聚焦于行为，他们可能更多地将督导视为一个商量切磋的过程。

出于以上原因，我们需要不同类型的、能提供不同观点的督导师。策略型的教练可能会持续地从督导师那里得到他们想要的东西，直到有一天，他们遇到了一个有复杂心理状况并且面临心理问题的客户。此时则应该建议他们寻找那些有临床背景的督导师去预约督导对话。换句话说，根据当前的需要，你也许同时需要多位督导师的帮助。

督导为谁服务

督导既服务于身为教练的你，也服务于你的客户。督导的质量保障功能就是确保教练所做的工作是负责任和合乎道德的。然而，良好的督导还关系到你接受教育和获得支持的需求。有经验的督导师面对的是一份具有挑战性的工作，需要同时关注两个不同的议题。如果他们只是忙着照顾教练，或者扮演培训师的角色，而没有去处理不良实践的问题，那么麻烦很可能就等在前头。反之，如果督导师只关注实践中的问题，而没有顾及受督导者对支持和学习的需要，那他就忽略了督导师角色的另一个关键方面。做督导师是一项要求很高、有时还很复杂，且容易令人焦虑的工作。这就是为什么督导师本身必须是有经验的实践者，要理解督导的本质，还要有被督导的亲身体验。

现在，许多人都认为，接受专业督导是良好的教练实践的一个基本条件。在不久的将来，它很可能成为一种主要的手段，帮助我们规范新兴的教练行业。

Psychological Dimensions
of Executive Coaching

第四部分

从格式塔视角看待人的改变

第 11 章 创造改变的条件

如果你对格式塔不太熟悉，那你可能会首先联想到格式塔疗法。直到最近几十年，这一直是格式塔最常见的用法。事实上，格式塔疗法从 20 世纪 50 年代起就开始被人们所使用，在世界各地，你都能找到格式塔疗法的培训机构和格式塔治疗师。而格式塔如何应用于组织环境中的一对一咨询（包括咨询和教练），如何应用于其他层面的关系系统，如夫妻、家庭、群体（无论大小）、职场中的团队，以及社区和社群，我们了解的相对要少一些。

格式塔在组织环境中的最早运用要归功于尼维斯和瓦伦（Wallen），他们在 1960 年左右开始在管理发展项目中运用格式塔方法。当时这类活动被称为“敏感性训练”（sensitivity training），它运用一些能够帮助人们提升觉察的方法和技术，促进管理者的个人发展。从那时起，格式塔方法就一直被用来帮助人们进行个人发展。虽然那个最初被称为敏感性训练的领域今天已经被情商开发所占据，然而，这类工作的性质和目标仍然非常相似。

在将格式塔应用于管理项目之后，尼维斯等人通过美国的克利夫兰格式塔研究所（Gestalt Institute of Cleveland）共同开发了一套围绕着组织变革和咨询过程展开的格式塔理论和实践方法。通过他们的国际培训项目，他们已经影响了成百上千的、来自世界各地的组织发展（OD）高级实践者，帮助他们将格式塔应用到组织的场域中。尼维斯 1987 年写的《组织咨询：格式塔方法》（*Organisational Consulting: A Gestalt Approach*）一书是这一进程中一个重要的里程碑，因为它率先对格式塔在咨询以及组织变革发展等领域的运用原则进行了系统的阐述。

同一时期，索尼娅·尼维斯和约瑟夫·辛克（Joseph Zinker）合作，将格式塔用于夫妻和家庭咨询，并采用了一种系统性的方法。他们所使用的模型非常注重关系，被称为“科德角模型（Cape Cod Model）”。克利夫兰格式塔研究所的实践者和培训师们，以及他们所培训和影响过的人（也包括我自己），都在组织发展的实践中采用了格式塔方法，其影响涉及政府机构、公司董事会和高管发展项目等。在高管教练、团队发展、培训师和顾问发展，以及大型群体干预中，格式塔方法无论是在基础理论方面还是在实践中，都已占有一席之地。

本书第四部分的重点是探索格式塔在高管教练中的应用，并阐明这套方法能为教练们提供什么。你会发现，大部分内容其实就是在讨论改变的过程以及教练作为改变的促进者，如何更有效地实施干预。对于教练而言，这些都是基础性的问题，它们为教练的实践提供了一个框架。因此，在这里，我将对格式塔的一系列核心思想和概念进行阐述，它们主要包括以下几个方面。

- 格式塔的基本假设。

- 改变是如何发生的以及抵触的意义。
- 觉察和改变。
- 聚焦于此时此地。
- 体验循环。
- 处理未完成事件。
- 运用自我作为变革工具。

在介绍这些概念之前，还有一个棘手的问题等着我们——“格式塔”这个词到底是什么意思呢？

定义格式塔

每当我迎来一批新的教练培训学员时，我都会要求他们来一场头脑风暴，说出他们自己对格式塔的全部了解。而这场头脑风暴往往是当天培训内容中最令人失望的部分。这是因为“格式塔”作为一个德语单词，不容易翻译成英语单词。英文文献中对格式塔曾经有过多种译法，比如形式（form）、形状（shape）、模式（pattern）和完形（configuration）。在我看来，这些译法都没有传达出太多精髓，因为它们没有表达出格式塔这个概念的意思——整体不等于且大于部分之和。许多人尝试赋予它更多的含义，然而，这些含义都很难被理解和接受。

我本人最推崇的是克拉克森（Clarkson）的定义，她说：

> 格式塔方法的目的是让一个人发现、探索和体验自己的形态、模式和整体性。分析固然有可能是过程的一部分，但格式

塔的目的却是整合所有分离的部分。通过这种方式，人们可以让自己完全地成为他们已经成为的样子，以及他们可能成为的样子。

看到这个定义，你可能会发现，它和教练工作的定义之间有异曲同工之处，特别是后面的这些观念——我们是谁，以及我们可能成为什么样的人。

格式塔的基本假设

格式塔的核心是关于人类机能的本质以及改变何以发生等一系列重要的假设，它们与教练工作的主要原则有很多共同之处。这些假设如下：

- 觉察会导致改变；
- 教练的目的是帮助客户更加了解自己的内在过程（他们的机能运作）；
- 这种提高了的觉察能使人们更了解自己需要什么、哪些选择是开放的，并最终促成更有效的决策和行动；
- 提高觉察的过程产生了更大的个人自主性和责任感；
- 我们头脑中新出现的、占主导地位的需求会组织安排我们的知觉领域；
- 我们的感知所指向的是整体，因此会寻求“完结”（closure），即给那些没有完成的事情画上句号；
- 我们必须给我们的感知和经验赋予意义；
- 学习是通过审视此时此地的经验而产生的。

这些假设中有许多很直白，可能不需要进一步解释，但也有几条可能会让你感到陌生。举例来说，一个经典的格式塔前提假设就是，我们的需求会组织我们的知觉领域。我第一次意识到这一点，是早年间我还在接受培训的时候，当时，我的第一个儿子才几个月大。那时我会用婴儿车推着他，在我们居住的城市漫步。毫不意外地，我发现了每个婴儿的家长都会发现的一些现象——人行道不适合推着婴儿车行走，穿过繁忙的道路十分艰难；用来照顾婴儿的便民设施少之又少，彼此之间的距离也很遥远；带着非常小的婴儿和一大堆婴儿用品乘坐公共交通，简直是一场噩梦。所有这一切之所以在我的眼前变得那么明显，就是因为我当时的需求决定了我能够感知到环境中有哪些事物存在（或者有哪些事物是缺失的）。

再举个工作中的例子。如果一名管理者遭到了裁员，正迫切希望找到一份新工作，那么当他待在家里的时候，他就会注意到他所有的邻居每天早上都开着车去上班。这些事情过往也每天发生，但是他从来没有关注过。如果他成功地找到了一份新工作，他可能就不会再注意这些了。因为现在有一组新的需求会组织安排他的知觉领域，比如，把开会要用到的一些重要文件塞进公文包里。

那么，这个概念对于教练有什么用处呢？最相关的地方在于，客户的主要需求必然会影响到教练对话的议题选择。客户带来的是当时在他们看来最重要的事情。如果客户即将参加晋升考核，那么过去的面试经历就会被唤醒，尤其是那些进行得并不顺利的面试。他们可能需要回顾这些经历，利用教练空间来做好准备，并尽可能让自己对晋升充满信心。

上文所列清单上的最后一个假设是，通过审视直接经验进行学习。这就是所谓的“投入当下”，这是格式塔方法的一个标志性观点。如果你花点时间想想任何一个典型的组织环境，就会很快发现，这种“投入当下”的情况在现实中恰恰是多么罕见。

如果你仔细观察大多数董事会或高管团队的会议，就会发现，人们经常讨论过去和未来，却很少关注此时在会议室里正在发生什么。即使他们已经进行了漫长的团建过程，已经深刻地理解了任务 / 内容与过程之间的区别，但内容无一例外总是胜出。即使团队的士气已经萎靡不振，或者已经人心涣散，人们仍然执着于那个不存在于当下的议程。想象一下，如果此时团队中有人提出这样一个简单的问题：“现在正在发生什么？”会议的整个气氛就很有可能因此而改变，也许最初会引起一些不适和紧张，但参与度很快就会得到显著提高。

同样，在教练对话中，如果客户正在重述一个故事，谈论着一场即将发生的公司架构重组，而这场重组将影响到他在公司中的地位，你就可以提出一个经典的格式塔问题：“当你告诉我这些时，你觉察到了什么？”这个问题很可能会加深客户与其真实想法和感受之间的联结。他会惊讶于自己对这个事件的感受竟如此强烈，并进一步意识到这对他来说究竟意味着什么。

这种“此时此地”的学习，也可以在教练与客户的关系中产生。在教练对话中，通过关注当下发生的事情，你的客户会了解到他们在其他场合也会表现出来的行为特征。抓住每一个瞬间，向客户提供源源不断的反馈，这些反馈会对他们产生直指人心的力量。举例来说，假设客户正努力改善他们人际关系的某个方面（比如要学会倾听），那么，如果你在教练对话中能够注意到客户没有认真听的情况，然后立即给予客户反馈，那么这对客户来说既有教育意义，也能让他们感受到支持。

改变是如何发生的以及抵触的意义

到目前为止，应该可以很明确的一点是，身为教练，你的工作并不是要“把某人带到某处”[①]。事实上，如果你真打算这样做，很可能会导致出现比现在更大的阻力。这种现象被称为“改变的悖论”，由贝塞尔（Beisser）于1970年首次提出，这是格式塔方法的基础。该理论认为，在试图改变某件事之前，一个人必须先充分体验这件事，即体验自己当前的现实。贝塞尔认为，一个人越是试图成为另一个人，他就越会保持原样。格式塔理论的一个关键前提就是，对当前现实的充分觉察会导致改变自动发生。皮尔斯是格式塔心理疗法的创始人之一，他认为，“觉察”这件事本身就具有疗愈性。

通过高威的努力，这个有力的观点第一次被用到了教练工作中。高威是这样说的：

> 这是一种更好的改变方式，它的第一步就是要以非评判性的态度来承认事物的本来面目。矛盾的是，恰恰是对自我以及自身行为的那种有意识的接纳，才释放出了自愿改变的动机和能力。

从这个前提出发去理解改变何以发生，其影响是剧烈而深远的，

① “教练”的英文单词是“coach”，而这个单词还有另外一个含义：“马车”。常有一些教练培训机构和培训师宣称教练的功能就类似于马车，即“将某人带到某处”。此处，作者从其本人所持有的关于改变的格式塔流派的观点出发，为了说明他随后的观点即“强迫会导致抵制”，很显然，他不同意这种广为流传的比喻，所以才会这样说。——译者注

它颠覆了很多人对于改变的看法。许多人都会有意无意地试图绕过或阻断他人的观点与辩解，以维护自己对现实的看法。当他人没有按照自己的期望去做时，他们就会感到沮丧、恼怒和困惑。

如果我们相信改变是困难的，那么自然而然就会对改变产生一种矛盾的心理。我们也许能看到改变的好处，但往往也能敏锐地意识到改变的成本和损失。此外，我们也可能对自己能否成功改变缺乏信心。

凯根和莱希（Lahey）合著的《带来成功的说话方式》（*How the Way We Talk Can Change the Way We Work*）一书中，有一段话恰到好处地说明了抗拒改变的问题。

> 已故的威廉·佩里（William Perry）是我们在哈佛大学最喜欢的授课老师，后来也成了我们重要的同事。对于心理治疗师、咨询师和顾问而言，他是一位有天赋的培训师。他总是说："每当有人向我求助，我都听得非常认真，然后问自己，这个人到底想要什么——他会做些什么来阻止自己得到它吗？"他这些揶揄打趣的话正好暗示了，如果我们想要对改变的前景有更深的理解，就必须密切关注自己内心那些抗拒改变的顽固倾向。

从这个角度来看，阻力是有意义的。在现实中，阻力会使我们的工作变得更容易。逆水行舟是没有用的。相反，我们要认识到阻力的存在，并承认所谓的抵触其实是一种创造性的表达方式和调整适应的方式。没有了它，人们就会蒙受被操纵和被剥削的风险。

如果我们发自内心地愿意尊重客户，就必须让他们自己做出决定，找到自己的方法。毕竟，这不仅是格式塔理念的核心，也是教练工作的基本原则。教练的工作是帮助客户发现他们是谁，他们想要什么和需要什么，以及他们如何找到更有效、更健康的方法来满足这些需求。

辛克以一种简洁巧妙的方式总结了“改变的悖论”：

- 如果你支持现状而不是应该有的状况，改变就会发生；
- 如果你支持对改变的抵触，抵触就会减弱，改变随之发生。

觉察和改变

改变的起点是充分认识到当前的现状是什么样的，而做到这一点就要靠提高觉察。那么所谓觉察或意识是什么意思呢？尼维斯是这样定义的：

> 我所说的觉察，指的是通过对自我和他人的观察而获得的了解或认知。觉察的过程就是以一种警觉、专注的方式来使用我们所有的感官，仅此而已。通过我们的感官（如视觉、听觉、感觉、嗅觉），我们能意识到发生在我们身上和我们周围的事情。

用上述方式来描述“觉察”似乎相当简单明了，即我们用所有感官去注意和联系那些发生在我们自己和他人身上的事情。然而，大多数时候，我们的整体觉察水平有些低下。我们错过了太多在我们的内心和周围发生的事情。我们并不总能意识到事件对自己的影响或我们对他人的影响。

尼维斯的定义告诉我们，我们人类与生俱来的设备，即我们的感官是提高觉察的途径，但这个定义并没有完全说清楚所谓觉察或意识究竟是什么。波尔斯特（Polster）等人的定义进一步添加了一些元素：

> 觉察是一个持续的过程，随时随地都可以做到，而不是像顿悟那样的灵光一闪，只能在特殊时刻或特殊条件下才能得到。觉察一直都在那里……只要你需要，随时随地都可以进行……此外，专注于自己的觉察，可以让人沉浸于当前的情境中。

这个说法十分鼓舞人心，因为它表明，觉察并不像顿悟那样难以捉摸或稍纵即逝。相反，我们可以在任何时候进行觉察。本章下一小节所描述的那个简短的实验可能会给你带来更多的启发。

自我觉察

此刻，请关注一下自己的意识。问问你自己："在我的身体中，我觉察到了什么？"你有没有注意到任何生理上的感觉（比如饥饿、瘙痒、疼痛），抑或是轻微的疲劳、不适？你兴奋吗？或者你焦虑吗？如果情况确实如此，那么又是什么让你兴奋或者焦虑呢？注意你的呼吸，它是轻柔的浅呼吸，还是悠长的深呼吸？

现在，请把注意力转向你所在的房间，你看到了周围的哪些事物？如果你在户外，就环顾一下周围的环境，你又看到了什么？有什么特别吸引你的吗？不要尝试去分析它，只要注意它就行了。还有，你能听到什么声音呢？有没有时钟的滴答声、隔壁房间的关门声或者电脑发出的嗡嗡声？如果你在户外，注意一下鸟鸣声、犬吠声或来往车辆的声音。注意一下你周围的气味、蒸汽和芳香。我们通常不会关注这些事物。现在，请关注你的想法。你现在在想些什么呢？当你准备好了之后，请观察你的内心，看看你现在有什么感受。你快乐吗？你满意吗？你享受这一刻吗？还是说你感到无聊、沮丧、困惑或者失望？

以上所有这些也只是你能觉察到的一部分而已。当你正常做事情时，请花点时间观察你内心的对话，也就是说，你内心的声音正在计划、组织、罗列清单、做梦、幻想、担忧或试图记住一些事情。

社会觉察

你已经进行了自我觉察。那么，在人际关系和社会层面，觉察又是怎样的？下文将对你在工作场合的人际互动中所能察觉的事物做一个最粗略的概述。首先，你会更加敏感地觉察到交流的模式和风格。以一场会议为例，这个房间里的人在参与度、精力和兴趣上呈现出什么面貌？他们在干些什么？他们是在看着对方，专心聆听，还是在笔记本电脑上输入一些和会议内容毫不相干的东西？谁发言了，谁没有发言？谁有影响力，谁没有？这里的气氛是沉闷而乏味的，还是有趣而活泼的？是否有人作长篇大论的发言？其他人因此是心不在焉、充耳不闻，还是变得不耐烦？团队中是否有一个插科打诨的“小丑”角色，或者能够活跃气氛的人？差异是被承认还是被否认？冲突是被鼓励还是被抑制？领导力是如何体现的？房间里的众人所表现出来的情商水平有多高？不同的人如何参与到权力动态中？以上种种，都只是我们在人际层面能够觉察到的一部分事物。

聚焦于此时此地

如果你想要更了解自己和他人，就必须聚焦于此时此地。发现你想要的以及希望在当下发生的，当下陷入的困境或产生的迷茫，在当下做出新的选择，制定重要的决策，以及创造新的解决方案，并在当下的会议中观察人际互动。

这并不是否认过去事件的重要性。然而，从格式塔的观点来看，过去的事件本身并不重要，真正重要的是它对当前情况所造成的影响。举例来说，如果我和以前的上司有过一些不愉快的经历，而这些事情一直没有很好地了结，那么我就可能不信任现任上司。通过提高我对当前时刻的觉察，我会发现和更多地了解到，我当前的行为其实是过去事件的反应。我的行为对我来说有了更丰富的意义，同时我意识到了一些事情，比如，实际上，我的新老板是一个完全不同的人；现在的情况和之前的情况有很大的差异；我不要也不想重演过去的模式。对当下的觉察会产生改变未来行为的可能性。

那么，你怎样才能帮助你的客户更专注于此时此地呢？最有可能的做法是提出一些有助于提升觉察的问题，比如："你现在意识到了什么""你在想什么""你有什么感受""关于你自己，你注意到了什么""你想要什么""你如何做才能实现所愿""目前在你身上发生了什么状况"，等等。

所有这些问题都包含着相同的因子。首先，它们都属于"怎么样"和"是什么"的问题。"为什么"的问题往往会迫使人们去解释和证明自己，这通常不会导致觉察的提高。其次，它们都属于现在进行时。它们聚焦于当下，使你与即刻的想法、感受和需求产生更多直接的接触。

最重要的是，你要认识到大多数人很少被问及此类问题，因此他们可能在最初的时候会有一些惊讶。他们会觉得你把他们“架”了起来，问了一个他们似乎不知道答案的问题。当他们被稍稍推离舒适区，他们会体验到一种混合了恐惧和兴奋的情绪。

帮助你的客户在此时此地使用他们的全部感官，是教练过程的一个重要方面。你的一部分职责就是在提高觉察这件事上扮演教育者加引导者的角色。如果你正在寻找一种方法论，那么专注于当下的能力将是其重要维度。对于许多正在接受培训的教练和更有经验的从业者来说，这将是技能发展的一个关键领域。

将你自己带到教练关系当中

全身心投入乃是建立良好人际关系的起点，它要求你真诚，也就是说，做真实的自己，并创造性地利用你的气场风度。所谓做真实的自己，意味着在工作中要更多地展现自己。下面这个问题可能对每个教练都有用：“你在工作中展现了多少的自我？”同样重要的另一个问题是：“你在工作中没有展现出的是哪部分的自我？”这些问题的答案可以为你的个人发展指明重要的方向。对一些教练来说，它可能意味着更激进的一面，比如敢于质疑和直言不讳；对另一些人来说，它可能意味着用来巩固人际关系的素质，比如同理心和热心。认识到自己的另一面，并真正地将其带入教练工作关系中，会对你工作的质量和深度产生深远的影响。

对风度的运用

教练的风度并不是中立的。你出现在那里是为了改变事情，产生影响。尼维斯将风度描述为“知识的活生生的体现：那些被认为对改变至关重要的理论和实践，通过咨询顾问的现场表现得到了体现、象征或暗示”。他的这段话指的是教练作为一种学习模式的概念，这也意味着教练代表了某种东西。

从格式塔的角度来看，其许多价值观和假设是大多数从业者都认同的。辛克对它们进行了一个详尽的罗列，包括：高功能、有效解决问题、自我调节、自我验证、灵活的边界、真实性、更多的联系、目标实现、成长以及平衡。对于心理导向的教练来说，很难想象还有什么是一套更合适的价值观。

不要把风度和“风格”或“魅力”等同起来。我并不是说你要成为一颗闪耀的明星，每个人都围绕在你身旁，沐浴在你的光芒中。所谓“风度”可以有很多种表现方式，从喧闹的、合群的、外向的、快乐的，到安静的、心思深沉的、考虑周全的，都是可以的。这与你的外表、穿着、声音无关，尽管那些因素确实也能起到一些作用。更重要的是，名实之间在多大程度上能保持一致。所谓“实”，指的是你如何行事，你是个什么样的人。所谓“名”，指的是你想要成为什么样的人、做什么样的事。换句话说，它是关于“你所说的你自己”和“你在这个世界上的实际行为”之间的整合程度。当这种整合很强大时，通常会产生不可抗拒的影响力。相反，当言行之间落差很大时，风度就会减弱。

对任何教练来说，最重要的挑战都是活出他自己所主张的样子，而不是光嘴上说说。你在工作中能否以身作则，可能和你最拿手的干预措施一样重要。当你在自我觉察、社会觉察、非评判性的兴趣和真实的接触等方面都表现出典范行为时，就会在你的客户身上引起积极的反应。他们会感兴趣、好奇并参与进来。他们在潜意识中可能一直在寻找一种支持性的引领力量，让他们有更大的空间，可以活出真实的自己。

支持的本质

作为教练，你的一项重要职责是为客户提供足够的外部支持，以补充客户既有的内部支持。但是所谓的“支持”到底是什么意思呢？许多这类书籍都会强调深度的、带着尊重和同情的、非评判性的倾听是“支持”的关键因素。

毫无疑问，如果你有幸被别人这样倾听过，你就能体会到它的重要性。这种倾听的性质和深度，使倾听具备了特殊的品质。举例来说，我可能会告诉你一个在工作环境中困扰我的问题，对于这个问题，我已经殚精竭虑。我似乎无法解决这个问题，我感到沮丧，也有点绝望。你的回答可能有很多种，有些是有用的，有些则不然。对于我所描述的事情，我不太可能认为那些不请自来的建议会有帮助。事实上，它们可能只会让我感到恼怒，并认为你甚至连用心倾听都没有做到。你还可能试着让我意识到我的想法或行为是错误的，当然，它们的确有可能是错误的。然而，如果你推进得太快，没有事先了解和认可我看待这个世界的方式，那我可能会变得防备起来。相反，如果你能够调整一下你自己，试着体会我的处境，并通过我的视角而不是你自己的来看待这个世界，那么，我很可能会觉得自己被倾听和被理解了。我会觉得你已经懂了。这会让我和你在一起时感到放松，从而放下防备心，不再提防着你会试图改变我或把你的观点和意见强加给我。我没有必要抗拒你的需要。

这就是格式塔视角下改变何以发生的核心，也是改变常常难以发生的原因所在。改变的发生既跟改变的过程有关，也与作为改变促进者的教练有关。这个过程中最重要的部分，是要真正理解并确认客户体验到的世界。如果客户能够感受到你的理解和确认，他们的注意力和精力就会从防备转向拥抱新的可能性，这就意味着成长和改变。

然而，倾听并肯定人们如何看待他们的世界，并不等于同意他们所说的一切。在教练工作中，有些时候你必须发起挑战。如果挑战发生在工作同盟中，而工作同盟又建立在尊重和认可的基础上，那么你的客户就不会感受到太多威胁，因此无须过多保护自己。

如何看待挑战本身就是一个重要的问题。有些教练认为挑战是支持的对立面，而不是支持的一个维度。事实上，支持包含着挑战，就像它包含深度倾听、尊重和共情一样。有时候，你能为客户提供的最大支持就是向他们发起挑战。许多高管既期待挑战，也在积极寻求挑战，他们只有在受到挑战时，才能真正体会到被支持的感觉。

有些客户会发现自己很难接受他人的支持。他们可能长期处于自给自足的模式中，多年来在“高管赛道”上的生活强化了这种模式。而在那条赛道上，人们期望高管能够做到自我驱动和自我维持。然后，当高管教练为他们提供支持时，他们不知道应该如何最大限度地利用它。他们对拥有外部资源的情形感到陌生，暴露客户角色中固有的疑虑、不确定性和脆弱性可能会让他们感到尴尬。他们更习惯于坐在你现在所处的位置上，向他们的下属提出探索性的问题。

自我支持

虽然有些客户可能要更多地学习如何从他们的外部环境——他们的教练、同事、上司、家人和朋友——获得更多的支持，但他们也需要提高自我支持的内在能力。我要说明一点，所谓的自我支持绝不意味着“孤岛状态”。许多高管已经感到他们有必要自我支持，因为外部环境通常提供不了足够的支持。自我支持并不是说心如铁石，没有了自我需求。

相反，它的意思是利用觉察来注意到心中正在滋长的新需求，并学习如何以健康、富有成效的方式来满足这些需求。对于高管客户来说，这可能意味着从繁忙的日程中抽出一些时间来寻找一个安静的、反思的、滋养的空间，或者避开那些苛刻的同事或客户，把更多的精力放在自己身上。这做起来其实很简单，比如好好休息、好好吃饭，或者让自己沉浸于一本小说中。对另一些人来说，可能是更有活力的方式，比如旅行、冒险或进行体能挑战。

这项工作可能会带来一个重要的结果，那就是当客户变得更加关注自己的需求时，他们对于生活中另一些状况的耐受性可能会降低。以前只是让他们略感不满的事情，现在开始变得令他们难以忍受。与之前的容忍相反，他们现在可能会提出质疑，怀疑他们的工作环境是否真的满足了自己的需求。

当人们获得了足够的支持来审视他们的工作和生活时，你无法确定他们下一步的去向。我们都知道，高管教练的结果之一就是，有一定比例的客户会选择离开目前的工作岗位，还有一小部分人会选择完全离开职场。这并不一定意味着一场不可避免的冲突，尽管冲突在某些情况下的确可能发生。它也可能促成以一种更积极、更健康的方式重新划定界限，而这对组织和个人来说都是好消息。

第 12 章 达成议题的完结

自我调节

皮尔斯认为，人们有一种创造平衡感或内稳态（homeostasis）的自然倾向，这要求我们具备有效的自我调节能力。平衡是通过关注心中浮现的内部需求和来自环境的外部需求来维持的。皮尔斯的观点是，人们处在一个不断满足或无法满足这些需求的过程中，他把这称为有机体的自我调节（organismic self-regulation）。当我们满足了自己的需求时，我们会体验到一种平衡感。当我们没有满足自己的需求时，就会产生一种残缺感和事情没有完成的感觉。

自我调节会形成周而复始的循环，这个原理是格式塔理论的核心，也被称为体验循环（cycle of experience）。那么，我们如何才能确定这些需求呢？在格式塔理论中，这被称为图形－背景过程。

图形与背景

所谓图形（figure），就是你现在最感兴趣的、在你的注意力中占据前景位置的那些事物。比如，你正在读的这本书，或是渐渐饿了想要吃东西的需求、正晒在你脸上的阳光、正在折磨你的头痛，抑或某种挥之不去的担忧。图形可以是你正在看的、听的或想的东西。它可以是你正在进行的任务，也可以是你正在努力解决的问题。总而言之，就是当前正在吸引你的注意力的东西。

另一方面，背景（ground）则包括了（在知觉场域中）没有占据前景，而是构成了背景的所有东西。当你读这本书的时候，你的图形可能是你对书中观点的兴趣、感受到的激情或沮丧。而你的背景则可能是以下这些事：过不了多久你就要开车去车站接你的伴侣，或步行去学校接你的孩子，抑或出去参加一个重要的工作会议。到了某个时刻，这些事就将取代这本书成为你的图形，而这本书将在你的注意力中退居为背景。

从更深层次的意义上说，你的背景还包括你的立足根基——你看待世界的方式和行动的方式、你的习惯模式、你构建现实的方式。对于这些根基，有些你可能意识到了，有些却没有。这些根基为你如何处理或看待新的图形提供了视角或滤镜。举例来说，如果你的背景中包括一个“我无法理解复杂理论”的信念，那么你可能就会在吸收新概念这件事上浅尝辄止，很快放弃。

同样地，如果你一直认为自己不擅长运动，那么当尝试新运动的机会出现在你眼前时，你就可能会选择逃避。再举个例子，如果你年轻时常常遭受批评，直到现在你都没有释怀，那么现在，即使你已是一个成年人，也可能仍然很难听进去别人的反馈，因为你倾向于把任何负面的意见都解读为难以忍受的批评。

从格式塔的角度来看，学习及其带来的改变，不仅与改变图形有关，也和改变（上述包括根基在内的）背景有关。否则，你将会重复进行相同的图形改变。从这个角度来看，把学习看成改变我们的背景，你就更能理解，为什么个人发展必须触及比你以为的更深的深度。

从教练的角度来看，这一点具有特殊的意义。如果教练工作只是简单地处理当前的议题和麻烦（也就是图形），那么它可能就只是一个有效的解决问题的工具。只有当教练工作同时在两个层面上发挥作用时——既帮助客户解决当前的问题，又促进他们的个人发展，它才能发挥出真正的潜力。

作为一名教练，你面对的总是客户的图形问题，即目前对他们来说最为重要的事情。然而，当你对客户开展了一段时间的教练工作后，在回顾这段历程时，我想你一定希望感受到，客户作为一个领导者和一个人，在这段时间内也是有所成长的。这就要求我们去改变客户的背景，即那些有关“他们是什么样的人”的本质议题。

体验循环

格式塔有一个基本的前提是，通过提高觉察，人们可以更容易地重新组织自己，形成新的观察和行动方式。在这种更强烈的觉察之下，我们激励自己，并采取行动，以实现重要的目标。在体验循环的过程中，我们使学习得以内化，使问题得以完结。相反，如果我们的行为没有建立在充分觉察的基础上，就可能无法获得我们想要的结果，我们的行为可能在一开始看起来前景光明，后来却被证明是空洞的、肤浅的，甚至是彻头彻尾的错误。

对于格式塔实践者来说，所谓的体验循环论是一个核心的导向模型。需求（图形）的出现会使人产生兴趣，需求得到满足则会使兴趣抽离图形，从而产生一种周期性或波浪式的节奏模式。典型情况下，它会表现为一个包含七个阶段的过程，从知觉开始，经过觉察和能量调动，再到行动和接触，最后导向解决 / 完结和兴趣的撤离。

如果你将此与上文中的图形 – 背景过程联系起来，其含义就是，新的图形从背景中形成或浮现，如果你能够按照图 12–1 中的自然顺序来处理这些图形，那么你最终将围绕着它们实现完结，让它们淡入你的背景中，成为其中的一部分。

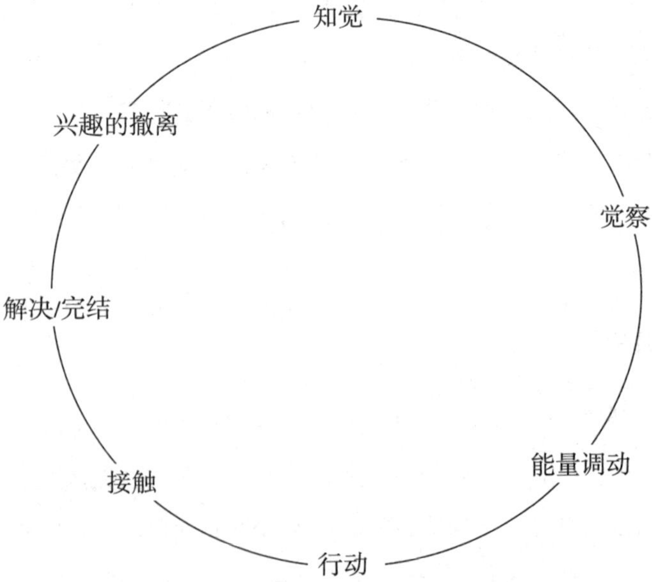

图 12–1　体验循环

这个循环代表了一种健康的运作模式——需求产生，然后依次得到满足。在大多数情况下，人们以一种简单直接的方式来完成这个体验循环，尤其是在满足生理需求方面。我之所以说“大部分”，是因为即使只是在生理层面，我们也并非总能让这个循环处于健康的流动状态。有时，出于一些非常必要的理由，我们未必能有足够的食物、睡眠、锻炼或放松。我们的自我调节不会总能实现其应有的样子。现代生活的复杂性和高要求意味着有时候我们会少吃一两顿饭，或过分地消耗自己的精力，抑或只是因为太累而懒得去锻炼。

在社会和情感层面，这一过程必然更加复杂。对很多人来说，即使只是满足与他人建立亲密联结的需求，也成了一个挑战。职场中一个非常普遍的社交和情感层面的图形，就是要感受到自己被上司和团队成员所接纳。我们喜欢对正在发生的事情拥有知情权，喜欢有事发生时有人征求我们的意见。当这些期望落空时，我们就会感到忧愁苦恼和心烦意乱。

在格式塔术语中，这就是所谓的“不完整的格式塔”（incomplete gestalts）[①]，或更通俗地称为“未完成事件”（unfinished business）。未完成事件使我们被困在体验循环中的某个地方，从而无法将注意力完全从它身上转移。这个问题会一直折磨着我们，它看似已经消失了一段时间，但却会不时被当前的某件事或某个人重新激活。

在第5章中，我提到过未完成事件是高管教练中最常见的议题之一。此处，我将探讨它的真正含义，以及作为教练，你可以如何处理它。

---

① 通过“不完整的格式塔”这样的说法，以及上下文中格式塔心理学和格式塔疗法对于知觉或社会/情感层面的“完整构型”的孜孜不倦的追求，读者就会对为何“Gestalt”除了音译为“格式塔”以外，在中文中也常意译为“完形”更加明白了。——译者注

未完成事件

“将问题做个完结”（closure around issues），是格式塔方法的一个关键目标。格式塔理论认为，人类有一种对圆满体验和达成完结的需求。如果有什么事情让我们感到震惊、不安或诧异，我们就会在内心或与他人的对话中反复探讨它，尝试理解它，并从中找到意义。如果可以，那这件事就会淡入背景之中；如果不能完结，它就会一直活跃。

考虑到总是会有新的需求（图形）出现来分散我们的注意力，我们很难以一种简单的方式将事情连续完结。在任何情况下，总会有一些图形对我们来说要么太复杂了，要么承载了太多的情感，以至于我们无法以简单、舒适或快速的方式来达成完结。这些未完成事件对我们有着重大的意义，比如某个同事让我们失望了，或者我们没有得到一份志在必得的工作。

在工作环境中，未完成事件是影响个人和团队绩效的关键因素。每天都会有一些有能力、有成就的人因为与组织之间的未完成事件而离职，尤其是与上司之间的问题；一些团队甚至会被未完成事件所压垮。那些运转失灵的团队都有一个关键特征，即团队关系中的未完成事件的数量、复杂性和深度达到了某个临界点。

如果所有结果都只取决于当前的形势和当前形势下的人，那问题就清晰多了。遗憾的是，现实情况很少如此。当前形势下的人所表现出来的冲突可能只是对过往冲突的重演，当前的形势只不过是这些冲突的导火索而已。

处理未完成事件

由于环境中很少有足够的支持来帮助我们开启和面对未完成事件，我们甚至不相信我们能解决它。相反，我们默认自己必须学会忍受这些未完成事件。无论如何，未完成事件的重要性未必会引起我们的注意。然而，我们可能没有意识到，在日常交流中，通过尖刻的评论或掩饰不住的讽刺，它正在一点点地暴露出来。

对某些人来说，可能会有那么一天，那些未完成事件会发出呐喊以寻求关注，导致他们最终去寻求帮助。这可能正是一些人在人生中向教练或治疗师求助的时刻。因为那些声音已经大到不能再被忽视。

对于大多数人来说，一想到要去解决未完成事件，通常都会心生畏惧。这恰恰证明提供足够的支持，使他们敢于公开自己的问题，是多么重要。人们通常会被他们之前压抑的感受吓一跳，担心如果进一步揭开盖子，情绪将一发不可收拾。虽然这种情况很少发生，但这是客户心中一种常见的恐惧，那些经验较少的教练实际上也会有。

回射

格式塔理论还包含一些有用的概念，可以用来解释人们如何以及为什么要努力完结问题，又如何因此逐渐积累起未完成事件。第一个概念是回射。这个单词的字面意思是转向自己的内心。通常，如果我们认为说出想说的话或做出想做的事是不明智的，甚至是危险的，我们就会转而“回射”。在工作场所，人们会因为许多不同的理由而回射，其中包括职业或政治上的考虑。有时，这样做的确是非常明智的，特别是当上司素有气量狭小的名声时。

我们在人生的早期阶段就学会了回射。孩子们在家里学到了哪些想法、感受和行为会被接受和认可，哪些又是不可接受的。违反这些规则会导致肉体或心理上的惩罚，他们因此学会了谨言慎行。有的家庭压制一切情感，所有可接受的个人表达都被限制在讲道理的、理性的、智力型的对话中，这样一来，这个家庭的后代在以后的生活中将很难表达他们的情感。

毫无疑问，在一定程度上，将某些观点和情感隐藏起来不去表达，是基本的社交规则，而且其中也包含着一些美德：我们不希望伤害对方，或者时机不合适，抑或对方当时无法承受。然而，转而向内是一把双刃剑。首先，我们会陷入自责的漩涡中，而这可能会进一步导致抑郁。其次，这种行为会阻断充分的、有意义的接触。别人的陪伴无法让我们感到轻松自在，因此我们选择尽量减少接触，或者敷衍了事。

内摄

内摄也是一个格式塔术语，指的是全盘接受重要他人的信念、态度、价值观和指令的过程。这种情况尤其会发生在生命的早期，而且很多这样的内摄是有用的，甚至是有必要的。例如，父母告诉孩子不要把手指插进墙上的插座里，这就是一种需要坚持的内摄。同样，在社交和群体层面，社会有着数不清的规范要求其公民去内摄，以使人们可以共同生活，社会可以良好运转。靠右行驶就是一个简单的例子。

在成年人的生活中，各种组织试图向员工灌输某些价值观和操作规程，他们当然希望无须太多论证，员工就能内摄这些东西。为客户提供服务就是一个例子，按照领导的安排开展工作和服从管理者的决定也是典型的例子。

当某些内化的是非观念妨碍了人们去寻求并实现重要的个人需求时，内摄就会产生负面结果。如果一个年轻的女孩在成长过程中被告知“把自己的需求放在第一位是自私的，应该先去照顾别人”，那她很有可能会在以后的生活中遇到亲密关系方面的问题。

“内摄”这个概念的一个重要含义是，我们可能永远不会完全知道，我们对这个世界的看法和信念究竟有多少是来自过往，是我们的父母、老师和其他权威人物传递给我们的，并未被我们消化吸收。我们真的审视过自己的信念和态度体系吗？还是说我们只是在反刍别人的世界观，不假思索地继承了这种世界观的所有优缺点？

我们从这个角度可以看出，所谓个人发展就是找出我们相信什么，以及我们真正想成为什么样的人。在这个过程中，已经内摄的大部分东西难免会保留下来，只不过这次我们内心更清楚地知道，我们已经自觉地接受了它们。同时，我们也可能会放弃一些原来相信的东西。这个过程可能既是解脱的，也是痛苦的。

在处理未完成事件时，以及在针对意义建构类问题对客户开展教练工作时，内摄都是一个特别有用的概念。在这两种情况下，出发点都是帮助你的客户更深入地了解他们“被允许做什么”和“应该做什么”。这将使他们意识到，他们的内心脚本可能阻碍了他们发挥潜力，而这个内心脚本也许直到现在还未经审视。典型的自我设限式的内摄有“不要好高骛远”“要知道自己的位置”以及“命里无时莫强求”，等等。

内摄是如何形成的，固然是一个有趣的话题。但对于教练来说，最相关的问题并非“这些观念为何存在”或“它们来自哪里”，而是它们现在对客户的能力有着什么样的影响，是否妨碍以及如何妨碍了他们去建立有意义的联系，找出自己究竟想从工作和生活中得到什么，以及作为个人去实现自己的全面发展。

如果你的某个客户背负着“不应该挑战上级和长辈”的内摄（这很常见），那么当他因为和上司的龃龉而心烦意乱，他就可能会为了避免冲突而保持沉默。他本该直面并处理这种情绪，但是他非但没有这样做，反而选择了回射（即隐忍不发）。

以上例子体现出内摄和回射可能的交汇点。“我不应该挑战上级和长辈”导致了“我最好把难过的心情掩藏起来，说出来是不行的”。让事情变得更复杂的是，如果你的客户还内摄了“内心有愤怒的感觉是不好的”，那么他们很可能会因此陷入自责。

教练工作的可施展空间

从战术角度来看，此时的教练工作有两个干预点。第一个聚焦于回射。作为教练，你可以提出一些帮助客户提升觉察的问题，让客户意识到，他们在某些重要的事情上选择了退缩。你可以帮助他们了解到，这种做法是如何使他们产生停滞感，进而心生不满，同时束手无策，不能将问题完结的。这样，客户就能清晰地看到自己做了哪些选择，又放弃了哪些选择。之前说过，教练工作的重要信条就是，要由客户自行决定他们要做什么或不做什么。然而，作为教练，你还需要向客户指明回射的代价，即你们的工作关系可能会变得不那么真诚、投入和开放。你的客户可能会因此感到痛苦和不开心。

要消除这种回射的影响，就要把那些转向内心的想法表达出来，这样做很可能会使你的客户更充分地接触到他们的真实感受。格式塔有一个典型的技巧，可以在相对安全的教练对话场合进行。这个技巧被称为“空椅子练习”（chairwork exercise）：在现场放一把空椅子，然后邀请客户在想象中将那个想要对话的人物带到现场，坐在那把空椅子上。然后，再让客户自己去发现，他们有哪些话必须对那个人说。在这个过程中，客户通常会发现他们对未完成事件的感受是多么强烈。对于客户来说，这通常是一个很好的释放机会，他们终于可以直抒胸臆，把他们可能已经憋了几个星期、几个月甚至好些年的事情说出来。

接下来的问题是，你的客户是否还须和现实中的那个人做同样的对话。在某些情况下，在教练对话中说出来就已起到了足够的宣泄作用，这个过程足以让客户体验到一种充分的完结感。但在另一些情况下，你的客户可能仍须和那个真实的主角面对面地交谈。在通过空椅子练习表达了自己的感受之后，客户会更有把握，从而在真正对话时更有信心。

做这个练习时，有两点需要注意。第一，空椅子练习可能在某些高管客户看来非常奇怪，使用时要慎重考虑。另一种有着类似效果但不那么夸张的方法是问客户：“想象一下你的那位同事现在就在房间里，你想对他说什么？”用这句话作为开场白足以使客户说出积压在心里的话。在客户说完以后，你可以询问他在说这些话时的感受，也会有所帮助。

第二，要想使用这个强有力的方法，你首先应该以客户的身份亲身体验过几次，并且认真学习这种方法。学习必须在正规的培训课堂上进行，要有真正懂得这一技术的导师或引导者在场提供适当的指导。

干预的另一个焦点是帮助你的客户更充分地领悟他们的内摄，从长远来看，这会带来更多的好处。之所以这样说，是因为尽管表达出压抑的感受会让客户从中获益，但如果客户不能理解更深层次的动态，那么他在未来遇到类似情景时仍可能会继续回射。

在探索内摄的过程中，要保持谨慎和敏感。对于作为教练的你来说，客户的某种内摄也许听起来是错误的，比如客户说“不应该挑战权威人士，因为这样是不对的”。你可能会强烈反对这个观点，并坚定地质疑对方。而你的客户尽管很难自圆其说，却仍然坚持己见。挑战那些被内摄的观念，并不一定能够使客户重新评估或放弃它们。

这种现象有几个原因。首先，内摄观念通常由来已久且根深蒂固，片刻的顿悟不足以让它们消失。如果真能消失，那人类未免就太理性了，而现实远非如此。其次，也许更根本的是，关键的内摄观念与关键的人际关系相关，这些人是客户生活中最重要的、最有影响力的人。我们对内摄观念的依赖，其实就是对那些人的依恋。大多数情况下，这是无意识的。你的客户很少能说清楚这一点，除非他们通过心理治疗等方法进行了长时间的自我审视。

这对教练工作的启示是，如果你强行挑战客户的基本信念体系，他们就会觉得，你挑战的不只是他们，还包括他们的父母、精神向导、重要的朋友或导师。你在暗示客户可能错了的时候，也在含蓄地暗示那些影响他们的人也错了。从这个角度来看，你就很容易理解，为什么这种做法必然会引起抵触了。

这就是为什么在处理内摄时要务必小心谨慎。如果你的步子迈得太大，客户很快就会让你认识到这一点。你的客户可能会强烈反抗，或者直接抽身离去。你会感到自己越界了，并为此担忧。当这种情况发生时，重要的是勇于承认，马上进行道歉，并暂时后退一步。如果客户已经准备好讨论自己的内摄观念，他们会让你知道的。关键的问题是，决定权在客户的身上。

这里所说的更多的是你作为教练的姿态，而不是技巧。这种姿态的关键之处在于尊重。如果你的客户从你这里感受到这种尊重，他们就愿意冒更多的风险，即使其中某些风险对他们来说是很大的考验。此外，他们也更有可能原谅你偶尔踏错的一两步。

以尊重的态度开展工作，通常能为你的客户提供足够的支持，让他们更深入地思考他们的内摄究竟对自己的工作和生活造成了何种影响。而这也属于深度探索过程的一部分——发现他们是什么样的人，他们想要什么，以及他们是否会为之全力以赴。只要不让他们觉得自己在对抗自己所珍视的人，事情就会容易得多。

第 13 章 教练的指导系统

将体验循环论作为导向模型

觉察阶段

请设想一个一对一的教练对话场景。你已经和客户交谈了 5 分钟或 10 分钟，也提出了几个主题。此时，你坐在那里，思考着这当中有没有需要你关注的重点，如果有的话，是哪一个。但是你怎么知道，又怎么可能知道呢？甚至你完全有可能还没遇到一个值得探讨的主题。

在这种情况下，作为教练，你面临的考验是要有足够的耐心，并且对过程要有信心。在这个时候，你要忍受自己的困惑，接受一定程度上含混不清的状况。要脚踏实地，收起自己的焦虑，避免仓促地帮客户解决问题，而这可能是教练角色最难的一个方面。

在这一阶段，教练要将注意力集中在体验循环中的觉察环节。用来帮助客户提升觉察的那些提问是教练的主要工具，而你需要做的是创造性地、有目的地提出这些问题。有些教练还会在这个阶段使用一些提升觉察的练习，比如头脑风暴、思维导图或临时创造出来的实验等。

如果你聚焦于循环周期的觉察阶段，就必然会形成某个图形。有些图形可能还没有形状、格式，也不够有趣和活跃。它们往往来来去去，不会留下深刻的印象，直到某个时刻，一个更清晰的东西从背景中浮现出来。但你怎么才能知道它的出现？首先，你可能会注意到，客户在谈到这个议题时的态度有了质的不同；其次，你可能会注意到自己的反应也会有差异。你可能眼前一亮，仿佛脑子里有个声音在说："对了，就是它！"

你也许会想知道，那些更早出现的图形有什么意义。客户是否意识到它们其实并不是最紧迫的问题？或者，在找到更有意义的议题之前，就是需要先琢磨一段时间别的问题，这两种情况都有可能。有时候，客户知道他们最需要解决的是什么，但还没有做好准备。在更多的情况下，他们只是需要一些时间来了解自己的需求。他们还可能需要重新和你建立联系，并在深入内心之前建立更牢固的接触。

尼维斯在其关于组织咨询的书中提出了许多不同的干预策略，每一种都针对体验循环的不同阶段。在觉察阶段，他认为要"参与、观察并有选择地分享你所看到、听到和感觉到的结果"。这说的是要"把自己当成一面镜子"。你要将自己认为最切题的观察结果反馈给客户，以提高其觉察。反馈可以聚焦在非语言交流的层面上，也可以聚焦在行为上。语气、身体姿势、眼神交流和沟通风格都是这一类反馈的例子。在教练对话中，你可能会惊讶于客户所说的话和他们说这话的方式之间存在着明显的不一致。他们可能嘴上说自己对某件事感到很兴奋，但语气听起来却平淡无奇。或者，他们可能说自己要去做某事或改变某事，但说话的方式却不能让你感到信服。

尼维斯也将教练对自我的运用作为一种提高觉察的干预措施，他建议“关注你自己的体验（情绪感受、生理感觉、想法）并有选择地分享它们”。这就是说，通过与客户的联结，你身上的某些东西被唤起了，而你应该对此善加利用。你也许发现自己产生了诸如感动、受鼓舞、悲伤、困惑或焦虑等体验；你也许对客户的言行举止产生了兴趣，想要了解更多；或者你发现你的好奇心和能量几乎完全没有被激活。所有这些信息都可以加以利用，使之成为干预措施的来源。

能量调动和行动阶段

相信你一定有过这样的经历：在教练对话中，客户往往“身在曹营，心在汉”，他们并不是真的想参加教练活动或教练对话。这样的教练对话缺乏活力，似乎从来就没有真正开始。这可能会让教练感到困惑和焦虑，因为他深知，教练工作是一曲双人舞，双方都要迈步，或至少要走到舞池中。出于这种焦虑，你可能会尝试一个人跳完所有的舞步，以弥补客户的能量缺乏。有时这样做的确会擦出一些火花，但从长远来看，这种做法可能会适得其反，因为它会导致这样一种互动模式，这种模式必须依赖于你提供能量，而不是你的客户。

尼维斯建议，这一阶段的干预策略是“关注客户系统中的能量，关注主题或议题的涌现或缺失；在能调动客户能量或使客户参与进来的主题或议题上采取支持的姿态，从而促成改变”。

以格式塔的方法开展工作，就意味着要在教练过程中随机应变。

这通常需要你有足够的耐心，以便有足够的时间让某个主题萌生发展，成为足够强大的图形，从而让能量和兴趣得以调动起来。当一个清晰的主题出现时，对教练和客户来说，都是一种极大的解脱，因为终于有了一个有目的、有意义的焦点。从这一点出发，教练的工作就是调动能量，以使客户进入体验循环的行动阶段。

所谓行动，可以意味着很多事情。它可以简单到只是对某个议题做更多、更深入的探讨。它也可以是一个实验，比如用角色扮演的方式模拟客户想要与同事进行的一场谈话。在这个阶段，可以考虑使用格式塔中的空椅子练习。

接触阶段

当客户的能量围绕某个议题被充分调动起来，从而促使他们采取行动时，你往往能够很快觉察到——以前有停滞感的地方，现在变成了一种更大的参与感。教练工作的成效通常很明显，而且身为教练的你很可能也会感到更有兴趣、更投入、更活跃。

现在至关重要的是，要紧紧抓住议题的核心，让客户充分深入地接触这个核心，从而完全地、有效地体验到议题对他们的意义。如果你的客户总是在边缘地带打转，不愿意深入核心，那么他们也许只能从教练对话中获得很少的价值。这时的对话总是需要更深入。

作为教练，你在这个过程中有几种提供帮助的方法。它可以是更强烈的挑战、更温暖的支持，也可以是认可和赞赏、进行更多的探查，抑或是要促进情感的表达。

尼维斯认为接触阶段的教练干预策略是“促进明确的、有意义的、强化了的接触（其中也包括他们与你的接触）”。

当尼维斯提到“客户与你的接触”时，他的意思是，客户可能有话要对你说。也许是要赞赏你的支持、感谢你的关心，或者认可你的技能；也许是想要告诉你一些他们在教练工作关系中感到不开心的事情。

解决 / 完结和兴趣的撤离阶段

到了这个时候，客户可能想要反思学到了什么，以及要采取什么行动。作为教练，你的角色是帮助他们从教练对话中获取这些意义。如果你能在这方面总结出你所理解的内容，对客户来说是很有帮助的。这样做还可以起到将多次教练对话整合起来的作用。

重要的是，不要在这件事上贪多嚼不烂，用过多的总结要点淹没客户。如果你的客户已经到达更深的层面，那么他们也许更想要一个安静、能反思的空间。如果教练说得太多，那么很多话就只是直接流淌过他们的脑海，留不下什么印象。作为教练，你面临的挑战在于调整自己，适应客户的需求，并记住“少即是多”这个真理。

如果教练工作的主题围绕着一个战略性的商业问题展开，而你们已经制订出一份包括后续步骤的行动计划，那么客户可能会希望重申这份行动计划，以便在结束教练活动之前有机会整理他们的想法。

尼维斯对这个阶段的任务看法如下：“通过完成某个工作单元，以及对未完成事件的问题领域进行了结，帮助客户提高对整个过程的觉察”。

当客户对整个过程更加了解时，他们就能更有效地监控自己的问题是否已经完结，这是自我管理的一个关键因素。这并不是说他们一定会完成工作单元，但是，当他们没能完成时，他们更有可能觉察到。然后，他们也许就能重新回到这件事情上，利用他们不断增长的能力来进行自我纠正。

以上所说的内容，就是将体验循环论作为工作的导向框架。它就像一个指南针，让你知道你目前在哪里。然而，尊重这一自然过程不仅仅是为了你的客户，同时也是为了身为教练的你可以好好照顾自己。当你难以推进或感到困惑时，请记住要回到提高觉察这件事情上来。要相信，更充分的觉察一定会提供打开大门的钥匙。要学会容忍这份工作中难免会隐含的困惑情绪，避免过早地急于寻求解决方案和行动。要更多地发觉那种与人紧密接触的感觉，并懂得如何促进这种感觉的产生。要记住，在处理下一件事情之前，重要的是首先要在撤离阶段总结所学。给自己一些时间去反思、去体验那种圆满的感觉。这也是你无论作为实践者还是个人都可以有所成长的方式。

将运用自我作为改变的工具

想象一下接下来的这个教练场景：迈克是你的新客户，现在，对于要和他会面并开展教练工作这件事，你感觉已经到了“能打开自己”的程度了。你很好奇，想知道在你们两人的早期互动中会发生什么。毋庸置疑，你想要理解他所陈述的故事以及他的问题，并充分关注对话的内容。但除了这些元素，还有很多东西值得我们去关注。这里说的把运用自我当作工具，就是指你要仔细感受和迈克在一起时你的个人反应。这些反应很有可能是被迈克的人际交往风格所激起的。这种交往风格对你造成的影响将是重要的信息。他是否尝试掌管局面，并试图控制你？还是说他先保持距离，细心观察你的一举一动和反应，然后才决定自己是否要冒险向前一步？他是否滔滔不绝，连一句话的空间都没有给你留下？他是否对你想要进入谈话的企图视而不见？你对他有什么想法和感受？你是否觉得自己受到了感染，对他很感兴趣、很投入？或者你觉得自己只是在勉力维持，已经感到了无聊或沮丧？在互动过程中，你对自己的体验是“我”还是“它”？[①] 换句话说，你觉得他把你当成一个活生生的人，真心想要与你相遇相识，还是说他就把你当作一个物体，他正在说的这番话和任何一个人说都没有区别？你觉得自己清楚迈克所说的是什么吗？还是说你已经被他的这个故事以及那些汹涌而出的信息、想法和感受淹没了？

在会议开始的时候，你可能会觉得踏实、轻松、自在，对对话的前景也很乐观。半小时后，你是不是开始感到焦虑，觉得自己之前的那份坚强和自信不见了？你是不是开始自问：“我能和这个人共事吗？”或者更糟的是：“我真的适合教练这份工作吗？”

对于新手教练来说，在职业生涯之初，要做到关注故事并跟上对话的内容，可能是一件挺困难的事情。如果要求你在做到这件事的同

① “我”和“它”的区分，是由出生于奥地利的犹太裔存在主义哲学家和牧师马丁·布伯提出的。他认为关系先于实体，实体由关系而出。所谓“我”和另外一个概念“你”一样，都是用来指称活生生的人，出自“我－你”的关系。这是一种真正的、根本的关系。只有在这种关系中，一切才是真实的，人才存在为人，才不会被概念所僵化。相应地，所谓的“它”，即使用来指称人，这个人也只是被看作一种类似于物品的存在，是非人化的。由此而构成的“我－它”只是一种经验和利用的关系，此时的“我”是世界的中心，“我”去感知世界，周围世界包括其他人仅仅是感觉对象而已，这是一种对立而非交融的关系。马丁·布伯的这套观念对于存在主义心理学和格式塔心理学，以及相应的心理疗法，都有很大的影响。——译者注

时，还能够抽身到更高的层面，居高临下地观察客户的处事风格，并关注你自己内心的反应和感受，那就太挑战你了。你可能担心自己会遗漏故事的某些细节，或错过某些重要的信息。当然了，无论你是新手教练还是经验丰富的教练，这种情况都有可能发生。不过，通过练习，教练们通常会建立起自信，越来越相信自己可以捕捉到足够多的内容。

运用自我就意味着你要冒着错过客户的某些话的风险，因为你要把自己的图形从听客户讲故事转变为观察客户如何与人接触，以及客户在你身上唤起了什么。冒这种风险有可能带来巨大的、甚至是变革性的好处，因为它能提供新的洞察，并拓展工作的深度。

首先，它使你能够通过对客户的观察，收集丰富的数据。然后你就可以打开这个"数据库"，有选择地分享你的观察结果，为客户提供丰富的反馈。其次，与你对客户的体验有关，即你的反应可能很好地揭示了其他人在面对这个客户时的反应，而这有助于说明客户与人联系和接触的方式。如果你的客户总是在对话时描述一些令人痛苦的细节，那他在工作场所很可能也会这样做。如果客户似乎总是把问题的严重性评为 9 分（满分 10 分），从而使你感受到一种混合着恐慌和怀疑的情绪，那么，你很有可能不是唯一一个面对他时有这样反应的人。如果你害怕与某个客户进行教练对话，因为你总是在对话后感到不适，那么其他人可能也会有类似的感觉。如果和某个客户一起工作的时候，你感到害怕，觉得自己处于职业危险之中，那么，这是不是也揭示了其他人在工作环境中的体验？

现在，我们来谈谈也许是最困难的部分。你如何知道你的反应是不是纯属于你？也就是说，这些反应揭示的只是你自己尚未解决的问题，而不是客户的问题？也许客户有锋芒是件好事，这很符合高管的生活状态，只是你自己难以与那些成功的、动力十足的、有点咄咄逼人的人士相处。也许这位男性高管让你想起了你的父亲——一个你觉得自己永远无法挑战和质疑的人。相对于挑战，你找到了其他方法来处理你和他的关系——这些方法可以将任何可能的冲突扼杀在摇篮里。

当我们想要运用自我作为工具，“这是谁的问题，说明了谁的状况”就变得很重要了。这无疑说明了个人发展和深入了解自己是何等重要。那些很少进行自我反省的教练很可能缺乏足够的自我觉察，从而区分不了究竟是自己的问题还是客户的问题。在这种情况下，运用自我就可能是有害的，或者完全偏离目标。这就是为什么那些侧重于心理层面、将运用自我作为必备工具的教练必须尝试更深层的个人发展方法。这里说的个人发展，最好是既有一对一的场景，也有团体场景。

进行这种更深层次的自我探索，一方面为了服务于你自己的个人成长，另一方面也是为了更好地判断和区分究竟是你的问题，还是客户的问题。你越了解自己长期以来根深蒂固的模式、自己如何与人交往、自己对世界的设想、自己身处的困境，你就越能将自己作为促发改变的工具。而且这样做的时候，你也能更确信自己的行动伴随足够的对自我和他人的觉察。如果缺失了这些，你可能会一直感到不安和焦虑，担心在情景中带入了太多自己的影响。

从格式塔的观点来看，运用自我与体验循环是相关联的。作为教练，你是否注意到自己什么时候会放松或变得更警觉、兴趣更浓？你是否注意到某些议题之所以会调动起你的能量，是因为它们是你自己的兴趣和偏好所在？还是说你认为，你之所以会更加振奋，是因为你和客户正在投入于一个将会产出丰硕成果的主题？你是否意识到，在没有产生充分和有意义的接触的情况下，就连空气中都弥漫着一种紧张感？你会让自己从一件已经完成了体验循环的工作中获得满足和快乐吗？你会在进入下一个循环之前先给自己一个休憩和撤离的空间吗？还是说你了结一件事情，就会急着去做下一件事情？

关于运用自我，还有一个关键的问题有待探讨，即如何处理那些被你的内在雷达探测到的东西？注意到它们并自信地做出区分判断——这与谁有关，来自哪里——是一回事，巧妙地以这些内部数据为基础来实施干预，又是另一回事。许多教练学员和那些不习惯运用自我的教练，一开始都会担心自己的干预不够巧妙，或者更糟的是，会使客户感到困惑。例如："这听起来会不会是我在更多地谈论自己？""这会让客户质疑我的能力吗？""如果我针对自己的困惑发表言论，这会有损我的风度吗？"所有这些恐惧都有一定的根据，可能会导致教练不愿冒险。运用自我通常看起来是一件很有风险的事情。然而，这有可能是你所能做出的最有价值的干预。如果你花时间和精力来发展这门手艺，它将带给你丰厚的回报——不仅会增进你的本领，还能够加深你和客户之间的关系。

那么，你怎样才能把握合适的时机，以恰当的方式来表达你的内部数据呢？在这方面是否存在规则或指导方针呢？第一个要了解的方针就是，你没有必要提供内部数据中所有的内容。相反，你可以选择保留很多，不管是因为你还没有组织好表达方式，还是因为你觉得时机不对，或关系还不够稳固。举个例子，你的客户可能正为来自上司或同事的严厉反馈而不开心，那么现在可能就不是最好的时机。

还有一个要考虑的问题是，客户的心态有多开放，是否愿意听取你要说的话。他们当前可能正处在“我有话要说”的广播模式，而做不到静下心来将自己调到接收模式。因此，关于是否要运用自我以及如何运用自我，考虑客户现在的状况就成了一个明显的判断依据。除此之外，你还必须有能力以一种非批评的、支持的方式清晰地表达你的观点，而不是过多地在乎它们是否正确。有时候，你的观察会正中靶心，客户会立即意识到它的价值，并从中学习。另一些情况下，客户可能会看起来有点困惑，因为他们没能从你的话语中听出多少道理。如果发生这种情况，你只需优雅地放手并后退一步。内在数据的恰当表达可以采取隐喻或图像的形式，而格式塔工作有一个重要特征，就是允许你做实验，允许你开发出各种有创意的方式来表达自己。另一个有用的指导方针是，所做的干预要言简意赅，即非必要不多说。如果客户理解不了你的“长难句”，你的干预就难以发挥影响。

就像任何干预措施一样，无论运用自我的艺术性和巧妙程度是高是低，态度都是其中一个关键的成功因素。如果你的观察是善意的，并且经过了深思熟虑，那么客户就很可能会欣然接受。

归根结底，只有通过练习，你才能提高运用自我的能力。练习加上反馈，学习效果会更好。以练习加反馈会议为核心方法论的高级从业者培训项目是一个很好的学习场所；另一种途径是寻找机会在团建活动或培训课程中与更有经验的教练一起工作。这些教练非常精通自我运用，他们既能为你的实践提供反馈，又能向你亲身示范如何“运用自我”。

本章小结

格式塔和教练理论的基本前提有很多共同之处。两者都将觉察视作改变的先导因素，并且都强调选择和个人责任的至关重要。

正如惠勒（Wheeler）的金玉良言所指出的：

要想持久、有计划地改变行为，必须首先改变我们的认识，这些认识包括：我们在这个世界上取得圆满成功的可能性究竟有多高；对我们而言，哪些目标和感受是有可能实现的，哪些是会被人接受的。

格式塔提供了一整套理论，解释改变是如何发生的，以及抵触有何意义。它还提供了一个框架，帮助我们理解人类健康的机能会是什么样的，以及良性的个体和人际关系发展过程隐含着怎样的价值观和假设。

除此之外，它还提供了一套方法论。这套方法论聚焦于当下，涉及对自我的运用，包括在体验循环的不同阶段进行有效干预所必需的行为技能。这就提供了一种可能性，使我们可以了结未完成事件，并处理那些出了状况的议题。在意义建构的层面上，它证实了人们确实会努力接触那些他们想要的和需要的东西，不仅如此，它还帮助人们学会如何利用环境所能提供的支持——更重要的是，更有效地进行自我支持。

最后，根据我的经验，教练们对格式塔方法有着截然不同的反应。喜欢这种方法的人欣赏它的直截了当，因为它鼓励我们与客户交谈，而不是谈论客户。

格式塔对于当下的关注，以及认为对话优先于技术的观点，让追随者们备感振奋。“在过程中随机应变”的观念也使他们能够积极参与，这就像现代爵士乐手在一个基本的结构中即兴创作一样。那些喜欢更清晰地规划路径的人，初学格式塔时可能会感到困难和纠结，直到他们找到那条将格式塔和教练工作联合起来的线索——觉察过程，正是它最终创造和促成了改变，使情况得到好转。

Psychological Dimensions of Executive Coaching

ISBN:978-0-33-522061-8

北京市版权局著作权合同登记号：01-2019-7103